自閉症スペクトラムの子どもとの 家庭での コミュニケーション

−言葉の前の段階から
　2〜3語文レベルまで−

著　東川 健
　　東川 早苗

エスコアール

はじめに

　自閉症スペクトラムとは、人との関わりやコミュニケーション、そして想像力の3つの発達領域において困難を示す発達障害の一つです。広汎性発達障害、自閉的傾向とも言われる場合があります。この本が、自閉症スペクトラムのあるお子さんとそのお子さんを理解しようとされているご家族の一助になることを願っています。

この本は、以下の点に留意して執筆しました。

1）自閉症スペクトラム（Autistic Spectrum Disorders あるいは Autism Spectrum Disorders）の診断を受けた就学前の年令のお子さん、あるいはその傾向があるお子さんの親御さんを主な読者として想定しています。また、自閉症スペクトラムの支援に関わる専門家が、親御さんへ助言する際のガイドブックとしても、利用されることを意図しています。
2）主に、社会性やコミュニケーションの問題を中心に扱っています。
3）まだ言葉を話せない段階（前言語期）から文で話せる段階までの言語発達を想定しています。
4）主に、家庭での関わりを中心に扱っています。
5）自閉症スペクトラムについての総論的なアプローチではなく、「各論」から自閉症スペクトラムとは何か、について考えていくことができるよう構成しました。

本書の特徴と工夫

1）親御さんが実感を持ちやすいように具体的な出来事から述べました。
2）どの項目から読み始めてもわかるように配慮しました。ですから、お子さんの様子に当てはまらない箇所は、読み飛ばしても理解できるように構成しています。
3）うまくいかない出来事の理由や原因（「どうして？」）から考えるようにしているため、お子さんとの関わり方を教える（いわゆるハウ トゥー）だけでなく、親御さんがお子さんの行動を理解する目を養うことができます。
4）対応の際の留意点（「気をつけよう」）では、対応がうまくいかない場合の

考え方も示してあります。本書は、表現はわかりやすくしたつもりですが、その内容は決して簡単にいくものではありません。ですから、うまくいかない場合も、想定しています。

5）イラストを多く用いています。

6）具体的な各論から述べているので、全体に関わる原則や総論が見えにくいという短所をカバーするために、お子さんと関わる際に重要な「共通する原則」の章を加えました。

7）TEACCH（Treatment and Education of Autistic and related Communication handicapped Children）の考えを重視していますが、他のアプローチも含めた折衷的な考えに基づいています。アメリカを中心に自閉症に対する様々なアプローチが開発され、日本語に翻訳され広まるようになってきています。選択肢が広がることは良いですが、氾濫する情報の中で混乱する親御さんが増えているのも事実です。種々のアプローチは、一見別のことを言っているようでいて類似していることもしばしばです。また、特定のアプローチに厳密であろうとするが余り、個々のお子さんに合わない関わりをお子さんに強いてしまうという本末転倒な状況も見受けられます（本来は、お子さんにアプローチを合わせるはずなのに、アプローチにお子さんを合わせている！）。問題は、いかにバランスをとって、個々のお子さんに合う形で用いるかです。種々のアプローチを折衷し、バランスをとったアプローチを提唱しているのも本書の考え方の特徴の一つです。

目次

はじめに …………………………………………………………………… 1

どうして？どうしたらいいの？気をつけよう　　　　　　　5

1．おもちゃで一緒に遊びたい… ………………………………… 6
2．絵本を一緒に楽しみたい… …………………………………… 12
3．体を使った遊びを楽しみたい… ……………………………… 16
4．いつも同じ遊びになってしまう… …………………………… 20
　＊コラム：ＲＤＩ ………………………………………………… 24
5．要求を伝えて欲しい… ………………………………………… 26
　＊コラム：ＡＡＣ ………………………………………………… 32
　＊コラム：ＰＥＣＳ ……………………………………………… 32
6．物を投げる１：拒否？ ………………………………………… 34
　＊コラム：ＴＥＡＣＣＨ ………………………………………… 37
7．物を投げる２：注意をひきたい？ …………………………… 38
8．いつまでも要求する …………………………………………… 42
9．好きな活動をおしまいにしたくないよう… ………………… 46
１０．予告をしたのに‥１：最初の予告 ………………………… 48
　＊コラム：２つのタイプの実物 ………………………………… 51
１１．予告をしたのに‥２：歯医者の予告 ……………………… 52
１２．予告をしたのに‥３：前日の予告 ………………………… 54
１３．同じことを繰り返し伝える必要がある …………………… 56
１４．視線が合わない ……………………………………………… 58
１５．壁に向かって要求する ……………………………………… 60
１６．独り言を言う ………………………………………………… 62
１７．オウム返しになる …………………………………………… 64
　＊コラム：オウム返し（エコラリア）の経験　成人の自閉症者の言葉　67
１８．要求の言葉が質問調になる ………………………………… 68
１９．質問に答えて欲しい… ……………………………………… 70
２０．だれかれ構わず挨拶する …………………………………… 72
　＊コラム：ウィングによる社会性のタイプ …………………… 75
２１．繰り返し同じことを質問する ……………………………… 76

関わりの原則 ……………………………………………… 79

「No」よりも「Yes」を …………………………………… 80
おどしにならないように ………………………………… 81
日常から非日常へ ………………………………………… 82
視覚的サポートの活用を ………………………………… 83
うまくいかない原因を探る：氷山モデル ……………… 84
即効性は，副作用も... …………………………………… 85
後味を良くしよう ………………………………………… 86
ストレスになる活動の後には、楽しいことを ………… 87
主張と応答のバランス …………………………………… 88
優先順位をつけよう ……………………………………… 89
一緒と独りのバランス …………………………………… 90
感情が安定する活動を探して増やす …………………… 91
安心のための土台が最優先 ……………………………… 92
セラピーはあくまで手段 ………………………………… 93

よくあるQ&A ……………………………………………… 95

絵や写真や身ぶりを表現手段として使っていると
　　　　　　　言葉が出なくなるのでは？ ……………… 96
言葉が出ない理由は？ …………………………………… 97
言葉の理解ができているのに、言葉が出ない ………… 98
単語しか言えない、2語文が出ない …………………… 99
文で話すこともあるが、レパートリーが限られている …… 100
発音が悪いことと自閉症スペクトラムとは関係があるか？ …… 101
吃音と自閉症スペクトラムとは関係があるか？ ……… 102
文法的に間違った表現をしているのを直した方が良いか？ …… 103
手話やサインを教えたいが ……………………………… 104

おわりに …………………………………………………… 105

どうして？どうしたらいいの？気をつけよう

どうして？どうしたらいいの？気をつけよう

1. おもちゃで一緒に遊びたい...

子どもが車で遊んでいるので、一緒に遊ぼうと思ったが嫌がられてしまう...

どうして？

　自閉症スペクトラムのお子さんは、独自の興味や視点を持っています。車の例で言えば、多くの人は車を走らせることや人が乗ることを想像しますが、自閉症スペクトラムのお子さんは車のタイヤの回転、車のナンバー、車の配列等の細部に興味を持つことがよくあります。また、人からの情報よりも物の方に焦点を向けがちです（図1-2）。ですから、人が関わろうとすると、物への興味が強いあまり、人との関わりを嫌がる、と言ったことが起きます。このことと関連して、自閉症スペクトラムのお子さんは他の人と注意を共有することが難しい傾向にあります。もっと複雑な遊びになると、彼らは他者の視点に立って物事を考える、ということが難しいために他の人と遊べない、というようなことが起きます。このような理由によって、自閉症スペクトラムのお子さんは他の人と一緒に遊ぶことが難しいのです。

　アメリカの自閉症教育の専門家のメジボフは、自閉症スペクトラムのお子さんの興味の持ち方を「懐中電灯」に例えています。狭い、限られた部分にしか焦点を当てずに、他の部分には注意が向かない自閉症スペクトラムのお子さんの行動をうまく表現しています（図1-3）。

1．おもちゃで一緒に遊びたい...

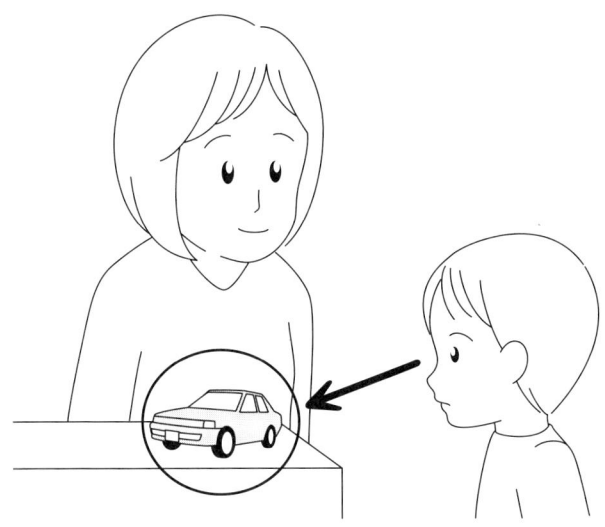

図1-2　自閉症スペクトラムのお子さんは、人からの情報よりも物の方に向きがち。

図1-3　自閉症教育の専門家のメジボフは自閉症スペクトラムのお子さんの興味の持ち方を「懐中電灯」に例えている。

どうしたらいいの？

　まず、お子さんが何に興味を持っているか観察しましょう。「車は人形を乗せて遊ぶもの」というような一般的な視点からだけでは、お子さんの興味や世界が見えず、一緒に遊ぶことは難しくなります。お子さんとの視点がずれていれば、お子さんからすると、好きなことを阻害されたことになるからです。このような時は発想の転換が必要です。危険な遊びでなければ、お子さんの興味を尊重して、お子さんの視点に立つようにしましょう。お子さんの「懐中電灯」がどこを照らしているか、を見るのです（図1-4）。例えば、車の回転が好きであれば、一緒に回してあげる、全部のタイヤを回してあげると喜び、それが遊びになるかもしれません。また、回るものが好きであれば、こまなど回るものを回してあげましょう。ナンバーが好きであれば、それを書いてあげましょう。まずは、"大人を介すると遊びが楽しくなる"とお子さんが思うことが大切です。特にお子さんが小さい時は、大人が子どものエンターテーナー（楽しませる人）になるという発想で関わると楽しく遊べることがあります。例えば、こまと同じように大人が風船やしゃぼん玉を膨らませて飛ばす、ボタンを押すと音声が出るおもちゃでは大人がその音声の真似をする、等の例があります（図1-5）。
1）　おもちゃの動きはお子さんが楽しめるものであるか？
2）　お子さん自分1人では操作できない、大人の助けが必要な活動か？
以上の2点が、イエスであれば、そのおもちゃで一緒に遊べる可能性が高いと言えるでしょう。

楽しめそうな玩具や活動	留意点
こま	伝統的なこまよりも、電飾等のついているこまの方が好まれることが多い。複数のこまを回すなどをするともっと喜ぶことが多い。
光りながら回る玩具	お子さん自身がスイッチ操作できる玩具の場合は、一人遊びとして適していることが多い。
風船	風船が膨らむ時は喜んでも、飛ぶのを怖がるお子さんがいるので注意が必要。音や急な変化を嫌がる場合もある。
しゃぼん玉	濡れるのがきらいなお子さんの場合は、避けた方が良い。
ゼンマイ仕掛け人形	動きの激しい人形を怖がる場合がある。動きのゆっくりしたものを好む場合あり。

1．おもちゃで一緒に遊びたい...

図1-4　お子さんの「懐中電灯」がどこを照らしているかを見る。

図1-5

気をつけよう

　お子さんが、大人が示した活動に興味を示すか常にチェックするようにしましょう。うまくいかなければ、無理強いはやめ、他の方法を考えましょう。お子さんの興味を阻害することにならないようにしましょう。お子さんの視界に入るように、何気なくおもちゃを見せてあげるのがこつです。

　お子さんがおもちゃに興味を持ったら、ねじを回しておもちゃを動かす、こまを回す等、お子さんが喜ぶおもちゃの動きを手早く、繰り返し見せてあげましょう。おもちゃへの興味が持続し、大人が手伝ってくれていることをお子さんが理解してからは、すぐにおもちゃを動かさず、ゆっくり期待させながら遊ぶことも大事です（図1-6）。そうすることで、物ではなく、"人が楽しいことをしてくれる"ことをお子さんは少しずつ学習していくのです（図1-7）。少しずつ、お子さんからの要求を促した方が良い場合は、『5．要求を伝えて欲しい……』の項を御参照下さい。

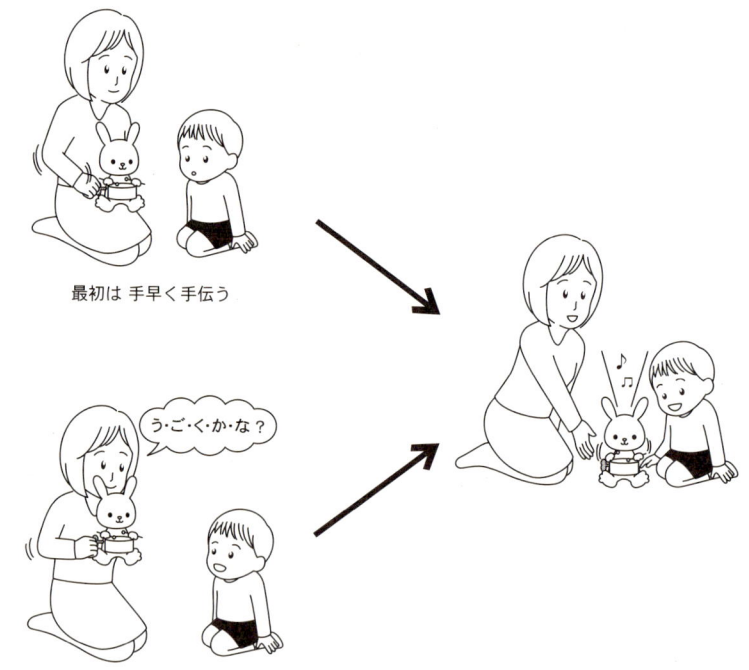

図1-6　最初は手早く、徐々にゆっくり期待させながら。

また、1人だけで遊べるおもちゃで遊んでいる時は、なかなか関わることが難しいかも知れません。そのような時はそっとしておくのもよいでしょう。1人での遊びを尊重することも大切です（関連する原則：「一緒と独りのバランス」）。

どうしても物があると関わりが難しい場合は、抱っこや高い高い、ぐるぐる回し、くすぐり、お子さんの喜ぶ体の動きをする遊び（例：大人が唇をふるわすと喜ぶ等）、手遊びなど物を介さない遊びの方がいい場合があります。この活動をする時は、お子さんの熱中する物が目の前にない方がよいでしょう。

いずれの遊びでも、お子さんは、あまり長くその遊びを楽しまないかも知れません。すぐに、他の自分だけの遊びに移ってしまうかも知れません。でも、それでいいのです。短い時間でいいのです。長く遊ぶよりも、短くてもいいから、遊べるポイント（車を回すだけでなく、こまを回すと喜ぶ、ひもを回すと喜ぶ）が少しずつ増えることで、遊びのネットワークが少しずつでも増えることが大切です。深追いはやめましょう。

お子さんがはっきりと喜びを示す場合もあれば、ちらっと大人のやっていることを見るだけの場合もあります。大人としては、はっきりと喜びを示して欲しいかもしれませんが、ここはお子さんがちらっとでも大人の活動を見てくれれば良い、と考えましょう。少し表情が和らげば大成功です。

お子さんが楽しむ遊びを発見したら、ご家族（お父さんなど）と共有し、人が代わっても楽しめるよう遊びの幅を広げることも大切でしょう。

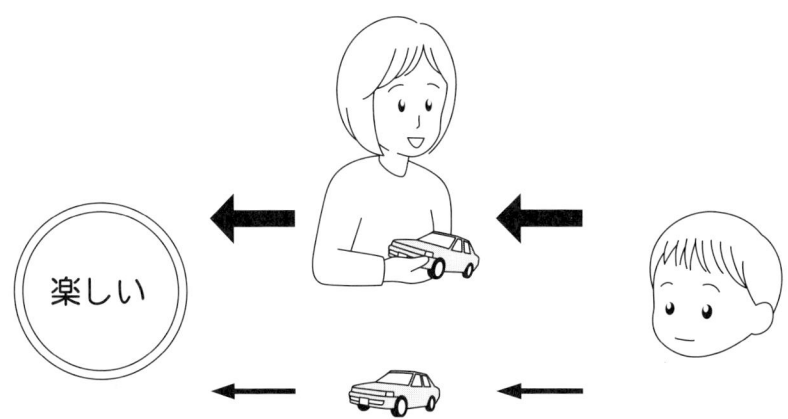

図1-7　物ではなく、人が楽しい事をしてくれる。

2．絵本を一緒に楽しみたい……

絵本を読んであげようとすると嫌がる、絵本を並べたり、ページをめくるのに熱中する、途中でどこかに行ってしまう...

どうして？

　これも前項の、『1．おもちゃで一緒に遊びたい……』と共通の理由が考えられます。違う点は、絵本はおもちゃと違って2次元の絵であること、さらにストーリーや言葉での情報が加わる点です。ですから、実物ならわかっても絵が理解できなければ、絵本は楽しめません。また、絵は理解できても、絵本のストーリーや親御さんの読み聞かせが理解できずに楽しめない場合もあるでしょう。

どうしたらいいの？

　お子さんが絵をまだ理解できなければ、絵本ではなく、前項のおもちゃの遊びを広げる方が、お子さんにとって良いでしょう。写真や絵やテレビに興味を持ってきた時期にまた試してもよいかも知れません。
　ここでは、お子さんが絵を理解し、興味を持っているのに一緒に楽しめない場合を考えてみましょう。まず、前項の『1．おもちゃで一緒に遊びたい……』で述べたのと同じようにお子さんの興味に注目すること、発想の転換が必要です。大事なのは一般的な「読み聞かせ」のイメージにこだわらないことです。
　まず、お子さんの興味のある、わかりやすい絵本を選ぶと良いでしょう。絵がシンプルで、ストーリーも繰り返しのあるわかりやすいものが良いでしょう。
　また、絵本をおもちゃの1つとして扱うように遊ぶと良いでしょう。具体的

には、車の絵本であれば絵本自体を車のように動かす、食べ物の絵本であれば絵の食べ物を食べるふりをする、顔が大きく出ている絵本であればその表情を真似する等です（図2-2）。また、具体物を使うとお子さんが興味を持つ場合もあるでしょう。例えば、バナナの絵とバナナのミニチュアや実際のバナナを持ってくる、歯ブラシで絵本のキャラクターの歯を磨いてあげる、などです。

　一般的な読み聞かせのように、絵本の文字をそのまま読む必要はありません。言語的な情報は最小限に、かつ、お子さんがイメージしやすい方が良いでしょう。例えば、「ぶたくんは　まいあさ　はを　みがきます」などの文があっても、それを読んでいるとお子さんがどこかに行ってしまう場合は、歯ブラシを見せて「シュッシュ」と磨く見本を見せてあげると興味を持つかも知れません。大事なのは、お子さんがその活動を楽しく感じることです。

　そしてもう1つ、絵本は最後まで見なければいけない、というイメージにこだわらないことです。一部のページに興味を持てば良いというように考えましょう。おもちゃと同じように、短い時間で良いのです。同じ絵本でたくさんのページを見るようにするよりは、まず楽しめる1ページ、1シーンを探しましょう。

図2-2　絵本をおもちゃのように使う。

気をつけよう

　車の絵本等お子さんが１人で楽しめる絵本は、逆に一緒にみることが難しい場合があります。また、写真のようにわかりやすい絵本を選んでも、お子さんが興味を持たないこともあり、やはりお子さんの興味をしっかりと見定める必要があります。なかには、絵本ではなく、大人が絵や文字を描いてあげると楽しめるお子さんもいます。固定観念や思い込みにとらわれずに、無理せず楽しめる方法を探していくことが大事でしょう。

絵や絵本の例	楽しみ方の例
歯を磨いているページ	実物や身ぶりでお子さんや絵のキャラクターの歯を磨くふりをして楽しむ。
食べ物を食べているページ	ミニチュアや切り抜き（広告の食べ物写真等）や身ぶり等で、食べるふりをする。
飛行機のページ	絵本を飛行機のように動かす。
虫（ハチ）のいるページ	虫が「ぶーん」と飛んでお子さんに「ちくん」と刺す身ぶりをして楽しむ。
動物（ワニ）のいるページ	ワニがお子さんを食べようとする身ぶりなどをして楽しむ。

2．絵本を一緒に楽しみたい......

どうして？どうしたらいいの？気をつけよう

3．体を使った遊びを楽しみたい......

「高い高い」やくすぐり等の遊びを嫌がる、また少し微笑むこともあるがすぐに他に興味が移ってしまう

どうして？

　一般的にはおもちゃや絵本等の物が介在する遊びとは違って、体を使うダイナミックな遊びは、比較的早期に成立する遊びです。しかし、自閉症スペクトラムのお子さんの場合、こういった遊びが難しい場合があります。これには主に２つの理由が考えられます。１つは、自閉症スペクトラムのお子さんに比較的多く見られる「感覚過敏の問題」です。感覚上の問題は、自閉症スペクトラムの診断基準には直接含まれませんが、多くの自閉症スペクトラムのお子さんが抱えている問題です。この例で言うと、くすぐりや体の接触など通常は心地よい刺激であるはずのものが、不快なものに感じられてしまうことがあります。２つめの理由は、不確実なことに対する不安です。自閉症スペクトラムのお子さんの多くが、予測できないことへの不安が強く、この例で言えば「何をされるのかわからない」という不安のために、楽しめていない可能性があります。この２つが絡み合っていることもあります。また好きなおもちゃ等がそばにあると注意がそちらに引かれてしまうため、体を使う遊びを楽しめない、ということもあります。

どうしたらいいの？

　感覚上の問題については、どのような刺激が好きなのか、嫌なのかの評価が必要なので、臨床心理士や作業療法士に相談することをお勧めします。感覚上の問題を周囲の人が気づかないと、良かれと思ってやっていたことが、お子さんにとっては苦痛だったと言うことにもなりかねません。正確な観察と評価が必要になります。お子さんにとって嫌な刺激ではない遊びを見つけることが必要です。

　次に不確実なことに対する対処についてです。これについては、見通しが持てるように、不確実性を減らしてあげる関わりが必要です。それにはまずお子さんが喜ぶ動きを見つけることです。はっきりとは喜ばなくても、これはまんざらでもないな（という表情）、というものを見つけておくと良いでしょう。くすぐるのは嫌だけれども、抱いて揺らしてあげるのは喜ぶ等、お子さんの様子を観察しましょう。お子さんのその時の機嫌や体調等にもよりますが、揺らす強さや方向、抱き方などによってもお子さんの反応が異なることがあります。あまり激しい動きは、お子さんの不安をあおることが多いようです。そっと抱きかかえてあげる、あるいはゆっくり動かしてあげる方が良い場合もあります。いずれにしても、「こうやったらお子さんが確実に楽しそうだ」と言う傾向が見つかると良いでしょう。

　その傾向がはっきりしてきたら、最初はできるだけ同じような関わりが必要でしょう（図3-2）。初期には、できれば同じ場面で同じ人が同じ遊びをしてあげることも不確実なことに対する対処として必要かもしれません。お子さん

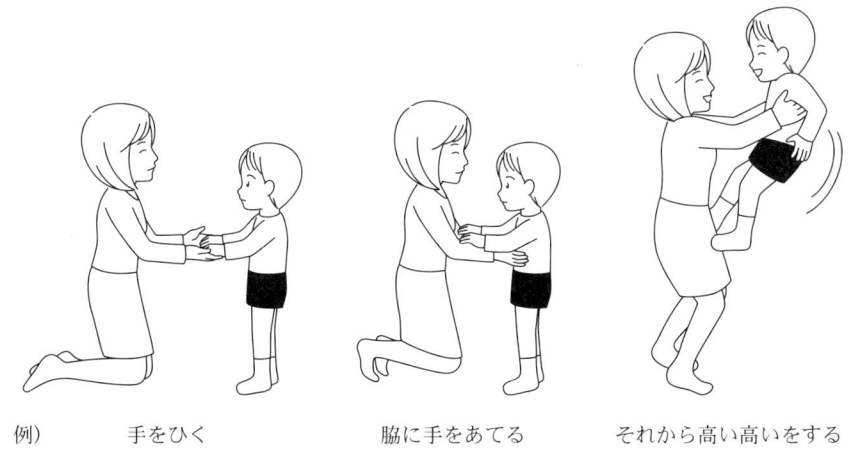

例）　　　手をひく　　　　　　脇に手をあてる　　　　それから高い高いをする

図3-2　同じ手順での関わりでお子さんの不安に対処する。

が不安げに見えるような場合は、素早くお子さんの好きな遊びを開始してあげる方が良いでしょう。再度、その遊びに誘った時に、お子さんが期待しているようであれば成功です。

　1つの好きな遊びが見つかったら、違う人が誘ってみる等、少しずつバリエーションを広げられると良いですが、そのペースはお子さんによって異なります。焦らず、少しずつ他の楽しめる活動を見つけていけると良いでしょう。

気をつけよう

　お子さんが別の遊びに夢中になっているのに、無理矢理体を使う遊びに誘っても、うまくいかないことがあります。特にまだお子さんの不安が強い場合は、人との遊びではなく、1人で安心して遊べるような環境作りの方が優先するかも知れません。

　また『1．おもちゃで一緒に遊びたい……』の所で述べた時と同じように、遊ぶ時間は短時間でも良いと考えた方が良いでしょう。

　本筋とは少しそれますが、関わる人は腰痛等に注意をしましょう。関わる人が無理をしなくても遊べる遊びを探すことも大事です。

3．体を使った遊びを楽しみたい......

4. いつも同じ遊びになってしまう……

車を並べたり、車の中を眺めたり、光るおもちゃを見つめたり、数字を並べたり、いつも同じ遊びに没頭する、いつも同じ行動をするように大人に求めてくる...

どうして？

　これは、興味の偏りと狭さという自閉症の特徴の1つと結びついています。加えて自閉症スペクトラムのお子さんの情報処理は、本筋とは関係のない、細部と思える情報も全て取り込んでしまう特徴を持つ、と言われています。例えば、部屋の家具の配置、絵本の中のページの片隅に書いてある文字、おもちゃに貼ってあるラベル等にお子さんが注目し、固執するようなことがそれにあたります。このことから、自閉症スペクトラムのお子さんは、通常であれば気付かない、部屋の家具の配置等の変化に気付いて怒ることがあります。私達にとっては、何のことはない変化がお子さんにとっては「重大な」変化であり、お子さんの混乱を引き起こすことがあるのです（私達にとっては同じ部屋でも、お子さんにとっては違う部屋になるのです）。お子さんがいつも同じことをするのは、変わらないものを求めている、と言えるでしょう。だから、自閉症スペクトラムのお子さんは、好きな遊びを反復する傾向にあり、しかも同じ手順でないと納得しないことが往々としてあります。そして、そういった遊びは時として、人を巻き込んで相手に同じ手順で行動することを求めます。言い換えれば、お子さんが変化を嫌がるのは、変化によって混乱し、不安になっているから、と言えます。

4．いつも同じ遊びになってしまう……

どうしたらいいの？

　お子さんの遊びが危険でなければ、無理にお子さんの遊びを変える必要はありません。無理に変えようとすれば、お子さんは怒るでしょう。まずは、お子さんの遊びを変えなければいけない、という固定観念をちょっと遠ざけましょう。もしかしたら、お子さんはその遊びを通して日頃のストレスを解消しているのかも知れません。だとすれば、お子さんの行っている遊びを無理に変えることは、お子さんのバランスを崩すことにもなりかねません。もし同じ遊びが目立って増えているのであれば、日々の生活が、お子さんにとって混乱をもたらす「変化」の多い生活になっていないか、を見直すことが必要かもしれません。

　こういったお子さんのコンディションを考慮した上で、遊びが広がるにはどうしたらよいかを考えてみましょう。ここでも、お子さんの興味から出発することが大切です。

少なくとも以下に述べる2つの考え方が必要です。

1）　今の遊びに枝葉をつけていく考え方
2）　他の取り組みやすい遊びを少しずつ増やしていく考え方

　1）の考え方は、『1．おもちゃで一緒に遊びたい……』の所で述べたお子さんの視点に立つ、という考え方と共通します。車を並べていたら駐車場のラインを描いてあげる、電車遊びをしていたら電車の効果音を言ってあげる、トンネルを作ってあげるなどです（図4-2）。大事なのは、枝葉がつくことで

図4-2

お子さんが楽しい、メリットがある、と感じるかどうかです。お子さんのやっている遊びを認めた上で、それを脚色してあげることです。イメージとしては、原作者（ここではお子さん）の気分を害さない範囲で、大人は脚本家としての役割を演じるような雰囲気がよいのではないでしょうか？ここで難しいのが、お子さんが大人を巻き込んで大人に対し同じ手順でふるまうように求める場合です。このような時は、何回か応じてあげてから他の興味ある活動に誘ってみる関わりが良いでしょう。

　2）の考え方では、お子さんがいつも遊ぶおもちゃのない場面で行いましょう。大切なのは、

a）おもちゃや言葉を最小限にしか必要としないシンプルな状況にすること、
b）大人から遊びを開始するなど大人が一定の主導権を握ること、
c）遊びの結末がお子さんの好きなくすぐりやジャンプなどダイナミックな遊びあるいは、安心できる流れになること、
d）大人からの関わり方を微妙に変化させながら遊ぶことです。

　このような大人からの関わりを楽しむ、期待することを楽しむ経験を増やしていくことで、子どもの視点が「まったく同じ手順を求める」のではなく、「要は楽しければいいんだ」「期待することが楽しいんだ」と言う視点になることが大事です。いくつかの例を出しますが、これらは、お子さんの興味や関わる人のアイディアによって、色々な形が考えられます。但し、これらの遊びでは、お子さんの不安の度合いを常に見計らいながら進めていく必要があるでしょう。逆にお子さんの不安をあおるようであれば、やめた方がいいかも知れません。くすぐられるのが嫌いなお子さんであれば、違う動きが良いでしょう。お子さんが、同じことを要求しても少しずつ変化させることが大事です。また、場合によっては、すぐに応じずタイミングをずらして大人が主導権を握りながら、最終的に楽しい遊びになる、という流れが大事です。

4．いつも同じ遊びになってしまう……

気をつけよう

　大人がお子さんのそばに行こうとするだけで、お子さんが背を向けたり、怒ることがあるかも知れません。そういう時は、お子さんは、自分の遊びが邪魔される、と思っている可能性があります。このような時は、無理に介入しないことが大切です。もしかしたら、大人が何もしないで（場合によっては、言葉もかけないで）静かに横で見ていることが良い時もあるでしょう。いずれにしても、お子さんがいやがったら、無理強いをしないことが大事です。

　一方で、まったく別の視点も必要でしょう。いっしょに遊ぶことだけにこだわらずに、お子さんの自立した遊びを育むことも必要です。本書は、社会性・コミュニケーションを中心に述べていますので詳しくは触れませんが、お子さんが自立した遊びを学ぶことで情緒的な安定につながったり、また、将来の仕事や余暇活動と結びつく場合もあります。

関連する関わりの原則：「一緒と独りのバランス」
　　　　　　　　　　　「安心のための土台が最優先」

遊びの例	やり方	子どもが楽しむ内容	バリエーション
しのびより	大人が子どもの背後や横から、そっと近寄り子どもをくすぐる。子どもがくすぐられる前に、大人の方を見たら大げさに動きを止めて引き下がる。	いつ大人が来るかわからないという期待（不安が強くなりすぎないレベルに）や注目することで相手が動きを止める、という因果関係を楽しむ。遊びの終わりもくすぐり等、子どもの好きな活動で終わる。	タイミングや位置の変化（大人が物陰や布の陰に隠れてもよい）動物などの人形を使っても良い。くすぐりでなく抱きあげたり、等の行動でも良い。
うらぎり指さし	大人が指さした方向を見たら、大人が子どもをくすぐる。	意外性を楽しむ、くすぐり。	物を転がして、その物に注意が向いたらくすぐる、あるいは抱き上げる。
気をつけろ	対面になった形で、大人が腕を伸ばしてゆっくり子どもの方にげんこつをふり、子どもがそれをよけるように促す。ぶつかったら、大人がくすぐる。	大人の動きを期待する。くすぐり。	動かす腕を変える、方向を変える、スピードを変える。人形等の物をつかっても良い。

コラム：RDI

　Relationship Development Intervention．ガットステインによって提唱されている対人関係重視のセラピー。従来のソーシャルスキルトレーニングで対象となっているソーシャルスキルは、道具的な対人関係であるのに対し、RDIでは、友人関係としての対人関係を重視します。

　これはまったくの個人的な解釈ですが、人を巻き込んだ同一反復的な対人行動を示すお子さんに対し、大人が主導権を握りながらも楽しい経験を共有できるような家庭での遊びや活動に焦点を当てている点が特徴です。

翻訳されているものとしては、以下のものがあります。

スティーブン　E　ガットステイン：RDI「対人関係発達指導法」
クリエイツかもがわ

4．いつも同じ遊びになってしまう......

5. 要求を伝えて欲しい...

要求表現を教えたいのに、そもそも要求を訴えてこない、欲しい食べ物は自分で取りにいって済ませてしまう...

どうして？

　自閉症スペクトラムのお子さんの中でも、色々な社会性のタイプがありますが、その中の「孤立型」あるいは「受動型」というタイプのお子さんに比較的多く見られる行動です。「孤立型」は年齢が低く、知的発達の遅れを伴う場合が多いようです（コラム：「ウィングによる社会性のタイプ」参照）。自閉症スペクトラムのお子さんは、人からの情報よりも物の方に焦点を向けがちだということを前に述べました（P.6）が、ここでもそのことが関係しています。お子さんにとっては、人に頼るよりも、直接物にアプローチする方が、わかりやすく、便利であるのかも知れません。無論、やりたいことが自分でできること自体は、困ることではありません。むしろポジティブに捉えた方が良いことも多々あります。しかし、これが家庭での話ではなかったらどうでしょう？お子さんは、何がどこにあるかわからずに途方に暮れる可能性があります。それは、お子さんが"人に頼る、伝えると問題が解決すること"を理解していないからです。このように、まだ人に要求する意味を理解していないお子さんは、物事がうまく行かない時にかんしゃくを起こすことがよくあります。物事がうまく行かない時に、そのことを人に伝えることの意味を知らないお子さんは、非常につらい思いをしているからです。自閉症スペクトラムのお子さんの中には、言葉を話す場合でも、こういった行動

を示すことがあります。

ですから自分で自分のことができることを学ぶのと併行して、少しずつでも、人に要求する、伝える、頼ることの意味や効果をお子さんに学んでいって欲しいところです。

どうしたらいいの？

まずは「人に頼ると便利だし、助かる」ことをお子さんが理解することが目標でしょう。これは一朝一夕でできることではありませんが、お子さんにコミュニケーションの必要性を感じてもらえるような場面を設定することが必要です。その際、少なくとも二通りの考え方を併行して進めていく必要があります。

1つめは、例えばお子さんが自分で牛乳をついで飲んでいる場面のようにいつもは要求をしてこない場面でどうコミュニケーションの機会を設定するか？

2つめは、他にどのようなコミュニケーションの機会を設定できるか？です。

1つめでは、牛乳を飲みたい場面であれば、自分だけではできないようにしてみる、というのも1つの方法です。冷蔵庫にロックをかける、牛乳パックに栓をつける、などです。また、牛乳を置く場所を高い所にする、というのも1つでしょう（図5-2：ロック、容器）。その際大事なのは、お子さんが困ったら、すぐに手っ取り早い方法で手伝ってあげることです。この時に、言葉でしゃべらせようとしたり、ちょうだいの身ぶりなどお子さんがまだ充分獲得していない方法で要求をさせようとすると、お子さんは怒り出してしまうかも知れません。そうしたら、やはり「人に伝えるのは不便だ」ということになってしまい

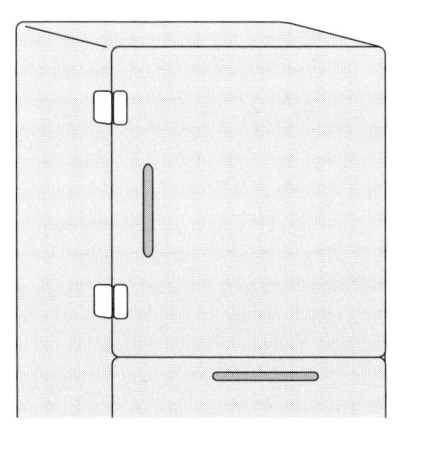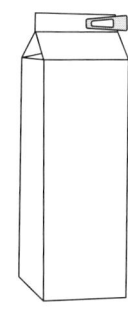

図5-2 「人に頼る」工夫。

ます。冷蔵庫の方に人の手を引っ張って連れて行くなどの行動でも、それは立派に「人に頼っている」ことになるのです。身ぶりや言葉でしっかり伝えることを覚えるのは、人に頼ることを学習してからでも遅くはありません。

それでは、他の場面ではどうしたらよいでしょうか？例えば、遊びでは、『1．おもちゃで一緒に遊びたい……』の項で述べた題材を使うとよいでしょう。お子さんが、自分だけではできないけれど、大人が手伝ってくれれば楽しくなるような遊びをたくさん経験する中で、「人に頼ること」を学習していくでしょう。例えば、こま回し、風船を膨らませる、積み木を高く積む、ゼンマイを巻くと動くおもちゃ等の活動がそれに当たります（図5-3）。こういったおもちゃは、お子さんの要求行動を引き出す材料になることがあります。

お子さんがおもちゃをまた動かしたいと手を伸ばした所をすかさず、おもちゃを手渡すように介助します。そして少しずつ介助量を減らしていくと良いでしょう。その際、受け取る大人の手はすぐには出さずに、お子さんが物を大人の方に差し出してから、受け取る手を出すようにしましょう。最初は、できるだけスムーズに手伝って介助してあげるところから始めて、徐々に手伝う量を減らして、お子さんが自分からおもちゃや物を渡してくれたら、応じてあげるようにしましょう。

図5-3 「人に頼る」遊び。

このようにお子さんにとって容易なコミュニケーション手段を使って、相手に伝える経験を充分に積んでから、コミュニケーション手段を少しずつ増やしていきましょう。身ぶりや言葉に進む前に、お子さんに実物や絵、写真を渡すようにしてもらってもよいでしょう。どの方法が良いか、絵や写真をどこに貼っておいたら良いかなどについては、お子さんの発達レベル、興味、得意な分野あるいはお家の構造などによって異なります。お子さんや家庭の状況を良く知っている担当の先生と話し合いながら進めるとよいでしょう。絵や写真を使う場合でも、実物の時と同様に、お子さんができるだけ自発的にコミュニケーションを開始することが大切です。自分の行動が相手や出来事に影響を与える、というコミュニケーションの効果をお子さんが実感できるように、関わりを工夫することがポイントです。

　1つめの考え方も2つめの考え方も両方大事ですが、1つめではお子さんがすでに身に付けてしまっている習慣（牛乳を自分で注ぐ）であり、変えることが難しい場合もあります。そのような時は無理せず、2つめを中心に進める考え方の方が良いでしょう。その他のコミュニケーション機会の例をあげてみます。

活動	期待されるお子さんの要求表現	留意点
こま回し、風船、ゼンマイ仕掛けのおもちゃ	手を伸ばす、相手の手を引っ張る、あるいは手をおもちゃの方に押す、おもちゃを相手に渡す。	あまりねじを強く巻かずに、おもちゃが動いている時間が長くならないようにする。このことで遊びが間延びせずに、またコミュニケーションの機会が増やせる。お子さんの行動にタイミングを合わせて呼応したように応じてあげることが大切。
ぐるぐる回し、高い高いなど体を使う遊び	自分から近寄ってくる。相手の手を引っ張る。やって欲しい動作をする。	1度にする回数（1セットの回数）をあまり多くせず、お子さんが喜んだらすぐに一旦終わりにして、お子さんからの次の要求を待つ。1セットの終わりには、くすぐりなどを入れるとセットの終わりがはっきりしてよい。
おやつ	自分で開けられない容器や袋を差し出す、手を引っ張る。	1度に渡すおやつの量を限って、何回か要求できるようにする。
おかわり	お皿やコップを渡す、手を引っ張る。	渡されたら、1度にたくさん入れすぎず、何回か要求できるようにする。

気をつけよう

　よくおちいりやすい例は、大人から実物やカードを渡すように促されてから渡す、という受け身的なコミュニケーションです。これでは自発的なコミュニケーションとは言えませんし、お子さんの意思表示を反映していなかったり、大人がそばにいないと要求できない、ということになりかねません。こうならないためには、関わりの中で前述したような色々な工夫が必要です。

　また、人に物を手渡すことがわからない場合は、手渡しを教えることにこだわらない方が良いかもしれません。大人の手を引っ張る、おもちゃに触る行動を要求行動として認めてあげる方が良いこともあります。大事なのは、お子さんが自分の行動が相手に伝わっている、という実感を持つことです。

　また、繰り返しになりますが、お子さんの興味があることから始めましょう。前述したおもちゃも、まずお子さんが気に入るかどうか確認する必要があるでしょう。文字が好きなお子さんであれば、文字を書いてあげることが、お子さんからの要求が出てくるようになるきっかけになるかも知れません。

　また、選択肢の数も影響する場合があります。早い時期にたくさんの選択肢から選ばせたりするとお子さんが混乱することがあります。そのような場合は、選択肢は増やさなくてもよいので、自発的に要求する場面を増やしたり、離れ

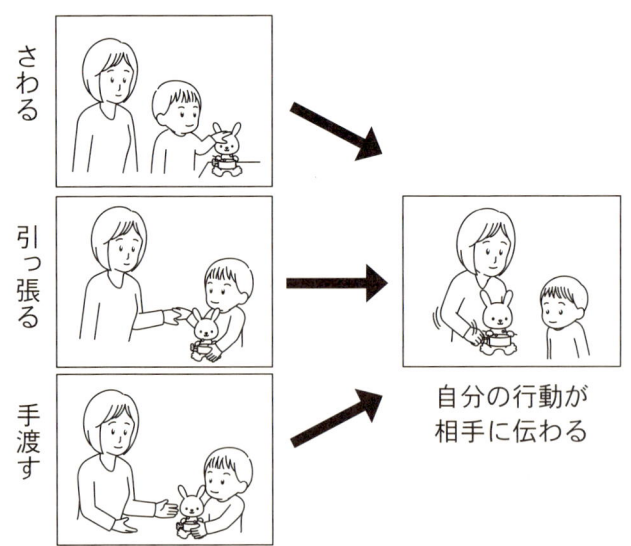

図5-4　自分の行動が相手に伝わっているという実感を持つ。

た所にいる人にも要求ができるように移動できる距離を延ばしたりすることの方が大事でしょう。

　もう1つ、くれぐれも言葉で言わせようと焦らないことです。人に物を持ってくることで人に確実に向かうようになってから、身ぶりや言葉で言うように促す位が良いでしょう。まだ、身ぶりや言葉を促すのが難しい段階のお子さんの場合は、実物や写真、絵や絵シンボルなどの種類を増やしていく、あるいは要求する場面を増やしていくという発想の方が大切でしょう（図5-5）。

　絵や写真、というと手間がかかるように思いがちですが、例えば、おもちゃや飲食物のパッケージを切り取ってカードとして活用する、という方法もあります。絵や写真を使うと言葉が出なくなる、と心配な方は、よくあるQ&A『絵や写真や身ぶりを表現手段として使っていると言葉が出なくなるのでは？』をご参照下さい。

関連する関わりの原則：「日常から非日常へ」
　　　　　　　　　　　「視覚的サポートの活用を」

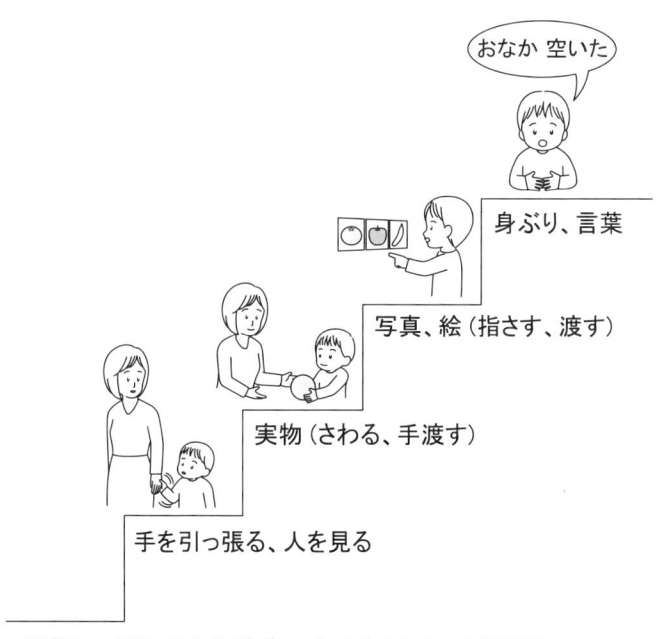

図5-5　コミュニケーション手段の段階。

コラム：AAC

　Augmentative and Alternative Communication の略で、補助（拡大）代替コミュニケーションと訳されることもあります。話し言葉以外の身ぶりサインや絵や写真、文字などを用いたカードやボード、機器、パソコンを活用して、コミュニケーションを拡大しようとする方法論の総称です。

　AAC と言うと機器やパソコンというハイテクなイメージが一般的には強いのですが、前述のように身ぶりサインや体を使った表現、カードなどのローテクのコミュニケーション手段も含まれる広い領域です。

コラム：PECS

　絵カード交換式コミュニケーションシステム（Picture Exchange Communication System）で、ボンディらによって提唱されました。絵カードと言う AAC（前コラム参照）を用いた領域に含まれ、理論的には応用行動分析の一つとされています。

個人的な解釈ですが、コミュニケーションの表出面に焦点を当てており、絵カードを指さすのではなく、人に向けて交換する（手渡す）ようなシステムを徹底している点と、その交換が子どもからの自発的な開始になるようにプログラム化している点が特徴です。また、指導における手続き方法が厳密に定められているのも特徴です。

　また、これも個人的な解釈ですが、この方法は従来から TEACCH プログラムの中で用いられていた手法を、より手続きに規範的に、1つのプログラムとしてパッケージ化したもの、と考えられます。

　PECS に関して翻訳された本としては以下のものがあります。

「自閉症児と絵カードでコミュニケーション -PECS と AAC-」
アンディ ボンディ著、二瓶社

5．要求を伝えて欲しい...

どうして？どうしたらいいの？気をつけよう

6．物を投げる1：拒否？

食事中に急にお茶碗を投げる...
どうやら、食べたくないよう。

どうして？

　拒否や要求が適切な方法で伝えられずに、物を投げたり、かんしゃくを起こしたり、というようなことも、自閉症スペクトラムのお子さんに比較的多く見られる行動です。私達は、とっさに自分の感情を表情や身ぶり、発声、言葉等で人に伝えることを、日常の中で無意識に行っていますが、そういったことが自閉症スペクトラムのお子さんには難しいことがあります。また、そういった感情が周囲に気づかれず、本人にとっては辛いことが続き、不適切な行動が現れる場合もあるでしょう。言い換えれば、物投げ等の不適切な行動は、彼らなりに問題を回避しようという反応の現れ、とも言えます。「また嫌な物を食べさせられる...」という不安が、こういった行動を助長している場合もあります。以上のような背景の中で、投げたくなる物がそばにあることが、不適切な行動の引き金になっている場合もあります。

　TEACCH（コラム参照）プログラムの考え方に、「氷山モデル」というものがあります（図6-2）。不適切な行動の水面下には、その原因となる要

問題となる行動
お茶碗を投げる
不安、拒否
コミュニケーションの未熟さ
子どもの感情への周囲の人の気づき
要因

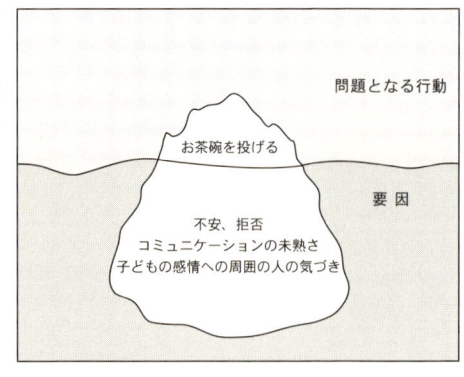

図6-2　氷山モデル。

因を含んだ、より巨大な氷のかたまりが隠れているというものです。この例では、「拒否」「不安」「コミュニケーションの未熟さ」「子どもの感情への周囲の人の気づき」等が水面下にあると考えられるでしょう。

関連する関わりの原則：「うまくいかない原因を探る：氷山モデル」

どうしたらいいの？

　物を投げる理由がお子さんの「拒否」や「不安」にあるならば、単に周囲の人がお子さんを叱ったり止めるだけでは、問題の解決にならないでしょう。それは単に、水面上に現れている氷への、表面的な対応に過ぎないからです。

　まずは、お子さんの「拒否」や「不安」をもたらしているものは何かを考える必要があります。そもそもお子さんに負担となることをさせていないかを、周囲の人がチェックすることが必要です。また課題が難しすぎたり、課題の時間が長過ぎたりすることが、こういった行動を誘発している場合もあるからです。食事などでも、無理に苦手な物を食べさせていないか等、普段の関わり方や教育方針を見直すことが必要なこともあるでしょう。自閉症スペクトラムのお子さんは、偏った食事をすることが多い、と言われていますが、無理な偏食指導は、逆にお子さんの拒否を強めたり、問題行動を助長する場合があります。長い目で見たら、周囲に認められる方法で、人に対して意思表示する方法を学ぶほうが、お子さんにとっては重要でしょう。ですから、お子さんが嫌なものは無理に食べさせない、という方針を、家族で共有しておくことが必要です。

　その上でお子さんを観察すると、投げる前に何かしらの徴候があるかも知れません。例えば顔を背けたり、物を押したり、片付けたりすることです（図6-3）。

図6-3　お子さんの小さな拒否のサインを見逃さない。

このようなお子さんの徴候を見逃さずキャッチし、物を投げなくても相手に自分の気持ちが伝わることをお子さんが経験できることが大切です。自分の何かしらの行動が、「いやだ」という意味として相手に伝わることを経験し学習していくことで、お子さんの物投げが減っていくことがあります。当面は、顔を背ける、物を押す、片付けるなどの動作を尊重し、お子さんがそのような動作をしたら、食べ物を下げるような関わりが必要でしょう。お子さんが安心してきたら、少しずつ周囲の人にもよりわかりやすい方法で表現できるように教えていくと良いでしょう。例えばお子さんによっては、「いりませんトレー」（図6-4）を使って、いらない食べ物をそこに載せる、という動作を学習することで、拒否の表現スキルを学習できる場合があります。言葉を話すことができるお子さんでも、このような動作や身ぶりによる拒否の表現を学ぶことが必要な場合があります。いずれにしても、「いや」「いらない」と怒らずに相手に伝えると言うことが、自閉症スペクトラムのお子さんには思いのほか難しいということは、覚えておいた方がよいでしょう。
　その他、お子さんが投げたくなるような物を周囲に置かないようにするといった、物理的な環境設定にも当初は配慮が必要でしょう。

気をつけよう

　物を投げるだけでなく、自分の頭をぶつけたり、人を噛んだりなどの、不適切と思われる行動に対しても「氷山モデル」の考え方が役に立ちます。

図6-4　いりませんトレー
トレーに食べ物と食器を載せることで「いらない」という意思表示をする。トレーの上に「×」やいらないことを絵などで示してもよい。

コラム：TEACCH

　Treatment and Education of Autistic and related Communication handicapped Children の略で、"自閉症および関連領域のコミュニケーションに障害をもつ子どもの治療と教育"という意味で、アメリカノースカロライナ大学が州全体に提供している自閉症に対する包括的な支援、教育プログラムです。視覚的な支援を多く用いた「構造化された指導」がその指導方法の特徴です。自閉症の人の「自立」を強調し、また自閉症をなくそうとするのではなく、共存する「文化」として捉える等の哲学、理念的な面も重視しています。そして、生涯を通じた支援を強調しているのも特徴の一つです。アメリカだけでなく、全世界に広がっているプログラムです。

関連する図書：多数ありますが、近年発刊されたものとしては以下のものがあります。

本当の TEACCH - 自分が自分であるために -　内山登紀夫　学研
自閉症の TEACCH 実践〈1〉　佐々木正美　岩崎学術出版社
自閉症の TEACCH 実践〈2〉　佐々木正美　岩崎学術出版社
自閉症への親の支援　E.ショプラー　黎明書房
＊本項で取り上げた「氷山モデル」に基づいた問題行動に対する取り組みが載っています。

どうして？どうしたらいいの？気をつけよう

7．物を投げる２：注意をひきたい？

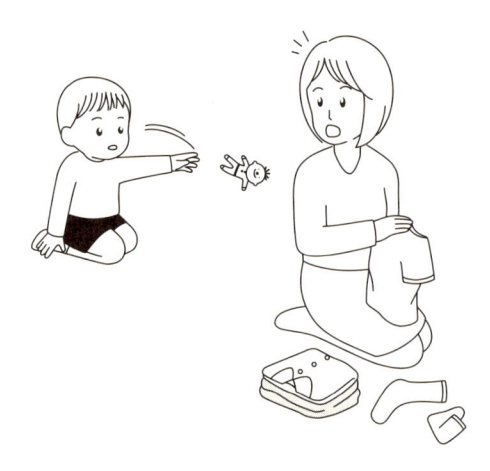

１人でいると、おもちゃを投げたり、すぐに親の方に来て注意をひこうとする。大人に働きかけてくるのはいいけれど、適切でない。

どうして？

　前項の『６．物を投げる１：拒否？』の所で紹介した「氷山モデル」がここでも役に立ちます。ここでは、親御さんの「注意をひきたい」というお子さんの感情、コミュニケーションの未熟さなどがすぐに水面下の要因として浮かびます。そしてもう１つは、自閉症スペクトラムの３つの特徴の１つに想像力の問題があります（図7-2）。想像する力に問題があると想像力を要する遊び等が限定的になります。自分で想像して楽しむことができないため、遊びが限られ、１人で遊べないということが起きます。お子さんの社会性のタイプにもよりますが、人の注意をひき人へ関心を向けられていても、それは自分で遊べないことと裏表の関係と考えた方が良いことがあります。人との活動と自立的な活動との間に、不均衡が生じている、とも言えるでしょう。

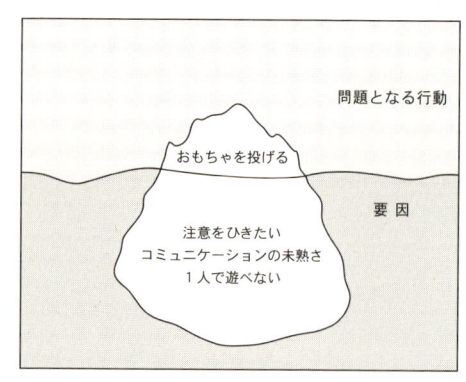

図 7-2　氷山モデル。

どうしたらいいの？

　注意をひくために投げているような場合は、叱ることや反応することで、ますますお子さんの行動を助長してしまうことがあります。当面の対応としては、周囲が助長するような反応をしない、投げられるような物をそばにおいておかない、等の対応が考えられます。物を投げていたら、「遊んで欲しいんだな」と考えて、関わってあげるといいでしょう。

　別の考え方として、もし注意をひいているのであれば、物を投げなくても注意がひけると言うことをお子さんに理解してもらうことです。発声や人に触ることでも人の注意をひけることを理解すると、物を投げることが少しずつ減っていくことがあります。一緒に関わっている時に、お子さんが声を出したら、親御さんが反応してあげる、などの遊びもいいでしょう。お子さんが親御さんにさわったら、反応してあげる遊びでもいいでしょう（図7-3）。

　さらに、別の考え方も必要です。お子さんだけで楽しめる遊びを育むという発想です。お子さんだけで楽しめれば、その分過度に他者の注意をひこうとして、物を投げるなどの不適切な行動をする必要性がなくなるからです。こういったお子さん1人の遊びを考える際も、お子さんの興味や得意な面、苦手な面を理解する必要があります。本書はコミュニケーションに重点を置いた本ですのでここでは詳しくは触れませんが、自分で楽しめる遊びや活動を広げることは、お子さんに自信を持たせ、お子さん自身の世界を広げます。お子さんにとって心地よい感覚をもたらす玩具や手作りの教材などを考えていくとよいでしょう。感覚的に楽しめる玩具については、作業療法士に相談されると良いでしょう。また1人で行う課題等については、以下のものを参考にされると良いでしょう。Eckenrode L.: Tasks Galore、www.TasksGalore.com の黄色い本や http://www.shoeboxtasks.com/ のウェブサイト、朝日新聞厚生文化事業団「親と教師のための　自閉症の子どもの自立課題」（DVD・全3巻）

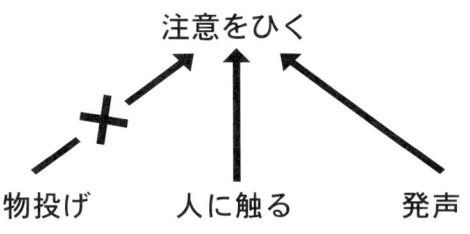

図7-3　物を投げなくても注意がひける。

気をつけよう

　お子さんだけで楽しめる遊びを、と述べましたが、実はこれは簡単なことではありません。この例のような行動を示すお子さんは、1人で遊べないが故に、周囲の人の注意をひいているからです。ですから、少なくとも初期にはお子さんに合った遊びを見つけ、教えていく必要があるのです。

　『5．要求を伝えて欲しい......』のような例も親御さんにとっては辛い悩みですが、ここでの悩みもまた別の意味で辛い悩みです。「遊んであげたいけれど時間が...」という人も多いでしょう。前述したようにこれは息の長い取り組みですので、無理をせず、周囲の人（親戚や友人）や社会資源（ヘルパーさん等）の手を借りながら進めていくことも必要でしょう。

関連する関わりの原則：「「No」よりも「Yes」を」
　　　　　　　　　　　「一緒と独りのバランス」

7．物を投げる2：注意をひきたい？

どうして？どうしたらいいの？気をつけよう

8．いつまでも要求する

好きな食べ物をいつまでも欲しがる...

どうして？

　「要求をしてこない」お子さんもいれば、「いつまでも要求する」お子さんもいます。要求が乏しいかと思うと、今度はこのように極端に強くなる、ということも自閉症スペクトラムのお子さんには起こりうることです。周囲が常にその要求に応じることができればいいのですが、必ずしもそう言う訳にはいきません。これには、大きく分けて２つ理由が考えられます。１つには、自閉症スペクトラムの特徴の１つである興味の偏りと狭さからくるものです。遊びや好きな物のレパートリーが少ないお子さんは、その分その好きな物や遊びに執着してしまうのです。もう１つ、物事に終わりがあるということをお子さんが充分に理解していない場合があります。好きなことが終わることは、だれもが悲しいことですが、またいずれ好きなことができるということを私達は知っています。しかし自閉症スペクトラムのお子さんには、そういった考えや発想の転換が難しいのです。

どうしたらいいの？

「終わりがあること」「終わりがあれば、また始まりがあること」を少しずつお子さんに学んでいって欲しいところです。それには、終わりを明確に示すことと、次の行動を示すことが必要です。終わりを明確に示すには、視覚的に見せることが大切です。残りの食べ物を見せる、あるいはカードで予め何杯食べるかを決めておくなどです（図8-2）。食べ終わるとともに、皿をトレーのようなものに入れて片付けて終わりを強調することが有効な場合もあります（図8-3）。それとともに、食べ終わった後に、ビデオやシールなどお子さんにとって魅力的な活動を示すことです（図8-4）。このような方法によって「終わりは悲しいけれども、まだ楽しいこともありそうだ」とお子さんが理解することで、お子さんが納得しやすくなる場合もあります。

関連する関わりの原則：
「主張と応答のバランス」
「視覚的サポートの活用を」
「ストレスになる活動の後には、楽しいことを」

図8-2 予めおかわりできる回数を視覚的に伝える。

図8-3 トレーに茶碗をかたずけることで食事がおしまいであることを明確に伝える。

図8-4 次の楽しみな活動を視覚的に伝える。

気をつけよう

　ある時は、スムーズにお子さんが納得することがあると、「前はできたのに..」とはがゆく感じることもあるでしょう。しかし考えておいた方が良いのは、お子さんはいつも同じようにできる訳ではないということです。体調やその状況（食べ物がすごくおいしかった、遊びが楽しかった、など）によっては納得することが難しいこともあるでしょう。

　気に入った遊びを何回も要求してくるような場合も、基本的には同じ考えですが、若干異なる視点も必要です。以下、好きな遊びをお子さんが何回も要求してくる例について述べます。経験上感じることですが、ある程度お子さんが満足するまで要求すると、それ以上は要求してこなくなることがあります。もちろん、際限なく要求する場合もありますが、ここで気をつけて欲しいのは、回数を限定することに大人があまり執着しないことです。おかわりの例では、健康上の問題等も関係してくるので、より慎重な対応が必要ですが、遊びの場合はスケジュール上の都合や関わる側の体力上の問題があれば別ですが、そうでなければ、満足するまで応じてあげても良いと思います。そのためにも、お子さんが何回要求したら満足するのかを一度確認しておくと良いでしょう。もちろんいつでもどこでも要求されたら応じる、というのは大変なことなので、遊ぶ時間帯（例えば食前や入浴までの間など、切り替えやすい時間帯を決めて）を決める等の準備は必要でしょう。

8．いつまでも要求する

9．好きな活動をおしまいにしたくないよう...

好きなブロック遊びが終われずに、いつまでも遊んでいる。

(お風呂よ)

どうして？

　これは、前項の『8．いつまでも要求する』の時と同じような理由が考えられるでしょう。興味の偏りとともに時間の概念、終わりの概念の理解が深く関係していると思われます。

どうしたらいいの？

　箱におもちゃを片付ける等、視覚的な手がかりを用いて、明確に終わりと次の活動を提示する、と言う点でこれも前項と同様です。それに加え、少し前もって伝えておくことも大事でしょう。前もって終わりを伝えた上で、数をカウントして、お子さんの気持ちを整えることが有効な場合もあるでしょう。ただ、この方法は最初こそ有効でも、段々お子さんはカウントをすると怒るようになることがあります。そのような場合は、むしろあまり大きな声で話しかけるよりは、静かに視覚的に提示して待つというソフトな対応が望ましいでしょう（図9-2）。

図9-2　次の活動を視覚的に提示して静かに待つ。

もう1つ、お子さんの現在進行形の様子を観察しながら行うことが大事です。パズルがもう少しで終わるのに、そこで中断させようとしても、お子さんはその活動をやめられないかも知れません。お子さんにとってきりの良い時点まで待つということも大切です。

　また単にタオルを見せてお風呂を予告するだけでなく、お風呂で遊ぶおもちゃを見せる等、情報に付加価値をつけると、お子さんが気持ちを切りかえしやすいかも知れません。

気をつけよう

　どうしても、こういった場面は大人と子どもが直面してしまいがちです。「もうやめないと、今日のテレビは見せないわよ！」等と、「おどし」のようなことにもなりかねません。でも、お子さんは繰り返しの中で、思った以上に切り替えようと努力していることがあります。切り替える時間を静かにゆったりと待つ姿勢が大人には求められます。

　また、切り替えの時だけでなく、普段からきちんとその日の出来事を予告しておくことも大切です。その際は、視覚的な手がかりがあった方がいいでしょう。どんな手がかりが良いかは、お子さんの状況を把握している担当の先生に相談すると良いでしょう。実物でも色々なことが伝えられます。言葉を理解しているお子さんでも、視覚的に手がかりがあった方が、具体的に理解でき、そのことを励みにしたりすることがあります。以下に少し例を示します。

視覚的な手がかり	内容
車のキー	車での外出
園のかばん	登園
水着	プール
レンタルビデオのカード	レンタルビデオ
スーパーの広告（買い物袋）	スーパーマーケット
シャベル	公園
ビデオのケース	ビデオ（家で見ることを示唆）

関連する関わりの原則：「おどしにならないように」

１０．予告をしたのに．．１：最初の予告

専門家から予告が大切と言われ、まず実物で予告をしてみようと、お出かけの時に、幼稚園のかばんを渡してみたけどピンときていないよう．．．．

どうして？

こういったことは、予告の習慣を開始したばかりの時期や、お子さんの知的発達の段階によりすぐには理解が難しい場合に見られます。特にこの幼稚園のかばんの例では、「かばん」という実物とそれが意味する「幼稚園」や「外出」の間には、時間的にも空間的にも距離があります。お子さんがかばんを受け取った時に幼稚園は目に見えないため、その分お子さんがその関係をイメージすることが必要な訳です（図10-2）。ですからお子さんからすると、いきなりかばんを渡されてもそれが何を意味するかがわからないことになります。

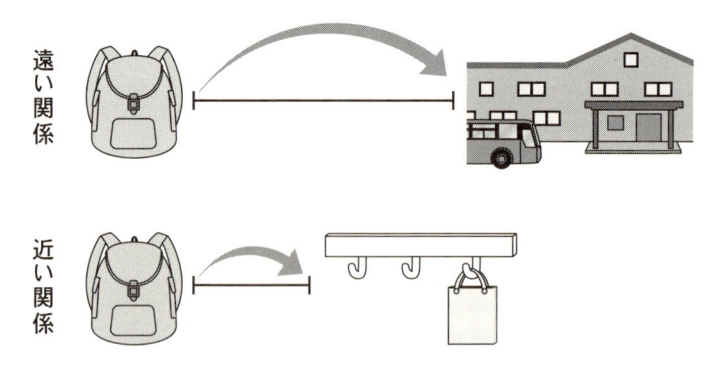

図 10-2　下の図のかばんとかばんかけの関係は近く、イメージしやすい
　　　　　上の図のかばんと幼稚園との関係は遠い関係であり、イメージしにくいことがある。

どうしたらいいの？

　お子さんが特に混乱をしていないのであれば、予告活動は続けて行くとよいでしょう。予告の意味を理解するようになるためには日々の積み重ねが大切だからです。

　一方、単に繰り返し教えるだけではなく工夫も必要です。例えば、「かばん」を「いつも置いてる棚に片付けなさい」という目に見える関係（つまり「かばん」と「棚」の関係）の方が、かばんと幼稚園との関係より、お子さんにとっては早くわかるはずです。お子さんにコップを渡し、食卓に行きそこでジュースを飲むなど、お子さんの興味のあることであればもっとわかりやすいでしょう。これも「ジュースを飲むよ」といった広い意味での「予告」であり、家の中のごく近い未来の「予告」になります。このような、よりわかりやすい実物と出来事／場所／活動の関係を多く学習して行く中で、家の外の出来事について、あるいは少し遠い未来についてのいわゆる「予告」が理解できるようになることが多いようです。

気をつけよう

　実物と出来事／場所／活動との関係を学ぶには、実物を置いておく場所を決めておく必要があります。また「置く」だけでなく、「かばん」であれば、フックにかける、など結びつきをわかりやすくする工夫も必要かもしれません。
　また、一度に色々なことを始めるとお子さんにとって負担が大きくなります。1つずつ始めましょう。
　お子さんが特に好きでない活動（歯ブラシや手洗い）は、難しい場合もあります。
　実物と場所の距離が遠い（汚れ物と洗濯かご等）とお子さんが理解できない場合がありますので、そのような場合は、洗濯かごの前で汚れ物を渡し入れるよう促すなどの工夫が必要でしょう。実物と出来事／場所／活動との関係について、以下にいくつか例を示します。

実物と出来事／場所／活動との関係

実物	出来事／場所／活動	工夫
かばん	棚／片づけ	ロッカーやフックなどわかりやすい設定をする。
歯ブラシ	洗面所／片づけ	コップ、歯ブラシたてを置く。
コップ	食卓／ジュースを飲む	食卓で注いで飲む習慣をつける。
スプーン／フォーク／お茶碗	食卓／食事	置く場所に印をつける。
ビデオテープ／DVD	テレビ	故障防止のため、直接テープをデッキにセットさせず、デッキの横に置いた箱に入れさせるようにする。
汚れた服	洗濯かご	帰宅後、あるいは入浴時など活動のタイミングを決める。
本	本棚	本を入れやすいように高さやスペースに配慮する。
くつ	くつ箱／片づけ	くつ箱が難しければ、くつを入れる箱やスペース等を用意する。

コラム：2つのタイプの実物

　実物での予告がもっともわかりやすいとされていますが、実は同じ実物でも少なくとも2つのタイプの実物があります。活動の中で実際に用いる実物と活動を代表（表象）する実物です。前者は、予告に用いたコップをそのままジュースを飲む時に使うような場合です。先の表に示した例のほとんどは、このタイプに含まれます(ビデオの例を除く)。後者は、トイレットペーパーを示してトイレを予告するような場合で、示したトイレットペーパーそのものを使わずに、トイレットペーパーをトイレを意味する代表(表象)として用いるケースです。コップを用いたとしても、示されたコップを用いずにジュースを飲むことを伝えるために用いるのであれば、それは後者の代表（表象）としての実物になります。後者の代表（表象）としての実物がすぐに理解できるお子さんの場合は、両者の違いは大きな問題にはなりませんが、理解に時間のかかる場合は、活動に実際に用いる実物を活用していく必要があります。代表（表象）としての実物の場合は、活動場所の近くに箱等を用意しておき、実物をお子さんがそこにいれることで、予告が終了し、活動が始まることをお子さんが確認する必要があります。『9．好きな活動をおしまいにしたくないよう...』の表で示した例のほとんどがこの後者のタイプです。

11. 予告をしたのに‥２：歯医者の予告

（歯医者さんよ）

専門家から、「予告は大切」と言われ、しかも「視覚的に提示することが必要」という言葉を守って、歯医者のカードを提示した所、大泣きしてしまった。まったく外に出ようとしない...

どうして？

　「これなら黙って連れていった方が良かった」と言う気持ちに親御さんがなるのも仕方ないかも知れません。前項と同じように、時間の概念の弱さを補うために、視覚的に予告することは大事です。しかし、ここでの失敗は、その内容をいきなり日常的でない出来事であり、しかもお子さんの嫌いな「歯医者」にしてしまったことです。これでは、お子さんは逆に予告を怖がってしまうかも知れません。

どうしたらいいの？

　お子さんにとって、日常的で、しかも好きな活動から始めることが基本です（関連する原則：日常から非日常へ）。例えばレンタルビデオ屋さん、公園、親戚の家、水泳などがいいでしょう（前項の表参照・P.50）。また、園や学校など、お子さんがすでにわかっている活動でもよいでしょう。そういった予告を日常的に習慣化させる中で、歯医者さんへの予告を導入することが大事です。歯医者さんはいずれにしてもお子さんにとっては辛い体験なので、お子さんは予告を受けると悲しむでしょう。しかし、お子さんが日常的に先の見通しを持つことができるようになると、例えば歯医者に着いてから、終わった後の楽しい予定を示すビデオ屋さんのカードを見ることで、先の見通しを持てることがあります。また、お子さんが２つの予定が理解できるようになると、予告をするほ

うもされるほうも楽になるでしょう（図11-2）。そのためには、まずはお家の中の活動で、「歯を磨いてから」「ビデオを見る」というように、少しがんばれば好きな活動ができる、というスケジュールから、徐々に時間のかかる外出先での活動（例：「銀行に行ったら」、「スーパーに行く」）へ応用していくのがよいでしょう。

気をつけよう

　お子さんが車に乗ってから、自分で好きなスーパーに行けると思ってしまって、後で行けないことがわかりパニックになる、ということがあったり、歯医者に連れていかれるのでは、とお子さんが不安になっている時は、「〜に行かない」こと、つまり「予定がない」ことをお子さんに伝える必要もあります。「〜がない」ことを「×」印でわかるお子さんには、カードに×印をつけると良いかも知れません。また、それでは分かりにくいお子さんの場合は、おしまいを示す袋か箱に入れて、予定がないことを示す必要があるかも知れません。

　歯医者さんの例を出しましたが、歯医者さんは恐くない所、という経験も可能であればしておいた方が良いでしょう。歯医者さんによっては、初期には椅子に座ればおしまい、口を開けたらおしまい、と少しずつ場所に慣れるように工夫をしてくれる所もあるようです。同じように床屋やその他の医者も含め、協力してくれる所があるか、事前の情報収集が必要でしょう。

　お子さんが大人になった時のことを考えれば、歯医者などの医療的なことは、きっちりと予告して、適切な医療的なケアを受けられるようにしていきたいところです。そのためにも小さい時から、無理をせず、しかしきっちりとお子さんに状況を理解してもらえるような環境作りが必要です。

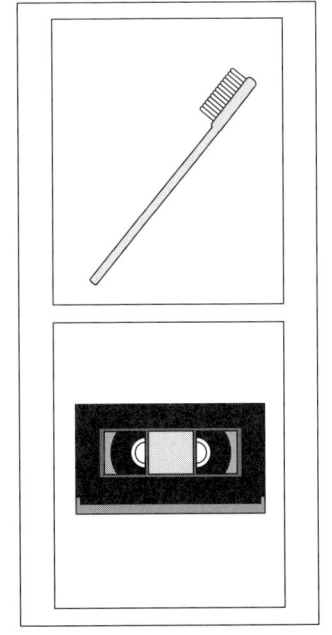

図 11-2　歯ブラシの後にビデオを見ることを示す2場面の予告のカード。

12. 予告をしたのに.. 3：前日の予告

明日は楽しみな遠足。前夜に、リュックサックを見せて予告をしたところ、すぐに行けると思って夜中にも関わらず、出かけようと大騒ぎ...

どうして？

　時として、言葉での理解や表現ができるお子さんでもこのようなことが起きることがあります。これも、自閉症スペクトラムのお子さんの持つ、時間の概念や状況の理解の弱さに起因する現象と言えるでしょう。ここでの失敗は、伝えるタイミングを前日にしてしまった、ということです。同じ予告でも、当日の朝の予告と前日の予告は、お子さんにとってまったく違う結果をもたらすことがあります。

　もう１つの失敗の原因は、伝える内容を遠足という非日常的なことから始めてしまったことです。楽しみな情報である点は良かったのですが、楽しすぎて余計にすぐに出かけたくなってしまったのでしょう。

どうしたらいいの？

　前日の予告をする前に、まず当日の予告がきちんと伝わるようにしておく必要があります。その上で、別のお膳立てが必要です。前日に「日常的な」内容の出来事、例えば登園の支度をお子さんと一緒にするという習慣を作ることが必要でしょう（図 12-2）。かばんに翌日持っていく物を入れるだけでよいのです。お子さんによっては、その時点ですぐに園にでかけようとするかも知れません。もし、そうであるなら、前日の予告はもう少し先の課題になるかも知れません。

　当日の予告にしても、直前なのか、1時間前なのか、でお子さんの受け止め方が変わってくる場合もあります。迷われる場合は、お子さんのことを良く知っている専門家や担任の先生に相談されると良いでしょう。

気をつけよう

　予告活動が軌道に乗ってきたら、お子さんの発達レベルに合わせて、予告する時間や量、方法（絵や写真、あるいは文字）などを広げていけるとよいでしょう。

関連する関わりの原則：「日常から非日常へ」

図 12-2　登園の仕度をすることが予告につながる。

１３．同じことを繰り返し伝える必要がある

「手を洗いなさい」と言っているのに他のことに気を取られてやらない、何度も同じことを言わないとしない…

どうして？

　自閉症スペクトラムのお子さんは、必要な情報とそうでない情報を整理することが苦手です。「手を洗いなさい」と言う指示はわかっても、手を洗いにいっている間に、好きな広告やCM（つまり不必要な情報）が目に入ると、もう前の指示（つまり必要な情報）を忘れてしまうことがあります。ましてや、「手を洗ってから、コップを持ってきなさい」等の複数の指示では、もっと難しくなります。「よく話を聞きなさい」「さっきもいったでしょ」などの大人からのこういった言葉かけは、少ないに越したことがありません。こういったネガティヴなやりとりを減らすにはどうしたらいいでしょう？

どうしたらいいの？

　お膳立てとしては、お子さんがあまり目移りをしないように、テレビを消す、物を片付けておくことが考えられます。また、指示の内容をできるだけ、シンプルにしておくことも大事です。その上で、情報を視覚化することが大事です。絵や写真や実物は、言葉と違って視界から消えることがありません。その分、お子さんは言われたことを忘れずに、頭の中に保持しやすくなるのです。タオルや手を洗う絵カードを手渡したり、食卓に手を洗うカードを貼っておいたりしても良いでしょう（図13-2）。この際の手がかりは、お子さんのレベル、発達状況に合ったものがいいでしょう。言われなくてもできること、ほめられる

13．同じことを繰り返し伝える必要がある

などポジティブなやりとりが増えること、これはお子さんだけでなく、ご家族にとっても望ましいことだと思います。

　お家の中での活動がうまく進んだら、買い物に行く時に絵や文字によるメモを手渡して、お店でお子さんに確認してもらってもよいでしょう。視覚的な情報をチェックする練習にもなりますし、何よりもお子さんが主体的に、目的的に取り組める活動になるからです（図13-3）。

気をつけよう

　お子さんにとって興味のある、意味のある活動を大事にしていく必要があるでしょう。食事が好きなお子さんであれば、食前の手洗いはお子さんがすすんでできる活動だと思いますが、食事が嫌いなお子さんであれば、食前に手を洗うことは、お子さんにとってはストレスになるかも知れません。また、水遊びをしてしまうお子さんの場合は、どの位水を出したらいいのか、という指示を視覚化しておく必要があるかも知れません。このように、うまくいかない原因の中身によって対応も違ってくるでしょう。また、ある時期はスムーズに指示が聞けるのに、ある時期は難しい、と言うような場合は、その時期に特有のストレス要因（園での行事等）がないか、生活全体に目を向ける必要があるでしょう。

関連する関わりの原則：「視覚的サポートの活用を」

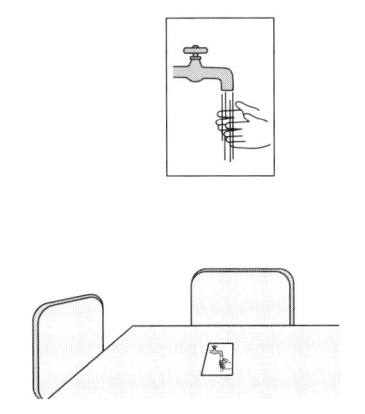

図13-2　手洗いを示す絵カードを食卓にはっておくことで指示を自分で思い出す。

図13-3　絵カードの買い物メモを使って主体的に買い物をする。

14. 視線が合わない

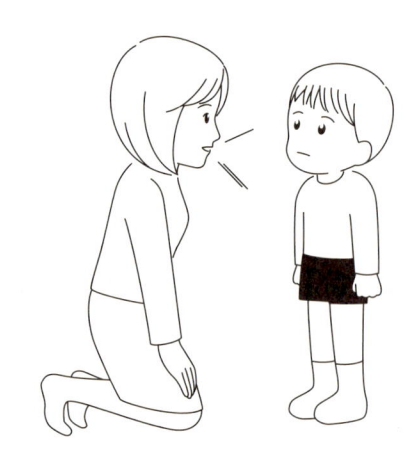

どうして？

　自閉症スペクトラムのお子さんは、視線が合いづらいことが比較的よくあります。私達は、相手の目の動きや表情から、情報を受け取っています。だから、相手を見ることは私達には必要な行動です。一方、自閉症スペクトラムのお子さんは、相手の視線や表情から意味を適切に読み取ることが難しいのです。だから、視線が合わないという現象が起きるのです。また高機能（注：知的に遅れのないことを意味する）の自閉症スペクトラムの大人の人が、「視線を合わせることと、言葉を話すこと（理解する）ことを同時にすることは難しい」と話すのを聞くことがあります。つまり、「視線を合わせることが、自閉症スペクトラムの人にとっては必ずしも有用ではなく、時には混乱やストレスのもとになる」ことがあるのです。

どうしたらいいの？

　視線の合わない理由を正しく解釈しないと、お子さんに無理に視線を合わせるよう強制するような訓練をお子さんにしかねません。かつては、こういった訓練が多く行われていたようです。しかし、大切なのは、お子さんが相手の言うことがわかること、必要以上の混乱やストレスを感じないようにすることです。ですから、子どもに必要以上に負荷をかけないことが大前提です。わかりやすく伝えること、余計な情報を伝えないこと、が大事です。必要以上の負荷

がかからないことで、結果的に相手の様子を見るようになることもあります。また、ある時は、視線が合うけれども、別な時は合わないこともあるでしょう。お子さんによっては困難を感じている時に、視線を合わせない場合もあります。そのような時は、無理に視線を合わせるように求めるのではなく、その理由をさぐって私達の対応を変えることが必要になるかも知れません。具体的には、困難の原因を取り除く、言葉だけに頼らずに視覚的な手段を用いて伝える、課題を容易にする、等の対応が周囲の人に求められるのです。

　一方で遊びの時には、お子さんが相手に注目することがあります。それは、相手に注目することが楽しいことに直結するからです。そのような遊びを通して、相手に注目することが楽しいと感じる場面を日常にとり入れていくことも大切でしょう。

　具体的には、言葉をあまり必要としない体を使う遊びなどで、相手の動きや表情を見ることで楽しめる遊びを通して（相手を見ていないとくすぐられる、相手を見ると相手が面白い格好をする、など）、相手の表情を見ることが楽しいと感じる経験を増やしていくことが考えられます。こういった活動は、『4．いつも同じ遊びになってしまう......』の項の表で挙げた遊びや活動がヒントになるでしょう。

気をつけよう

　お子さんによっては、不安な時にじっと相手を見るかも知れません。また、必要以上にじっと相手を見つめることもあります。このように、自閉症スペクトラムのお子さんも1人1人違います。大事なのは、視線が合う、合わないという表面的なことだけに周囲の人がとらわれるのではなく、その原因や背景を探って、彼らの世界を理解することだと言えます。こういった彼らの世界を理解するためには、成人の高機能の自閉症の人の話を読んだり、聞くことが参考になることがあります。

関連する図書：トニー　アトウッド：ガイドブック　アスペルガー症候群-
　　　　　　　親と専門家のために　東京書籍
　　　　　　　テンプル　グランディン：自閉症の才能開発　学習研究社

どうして？どうしたらいいの？気をつけよう

１５．壁に向かって要求する

「牛乳ちょうだい」

しゃべることはできるが、人に向かわず壁など全く違う方向を見て要求する。聞いている人も、誰に言っているのかわからない...

どうして？

　前項では、自閉症スペクトラムの人の持つ視線を合わせることの困難さについて述べ、「必要以上に負荷をかけないこと」の重要性を強調しました。しかしここでは、視線が合わないだけでなく、人の近くに来ず、人の方を向いていないため、お子さんも聞き手も互いに苦慮している場面です。この理由は、前項の「視線が合わない」とほぼ同じ理由が考えられます。またお子さんによっては、牛乳が欲しい時と「ぎゅうにゅうちょうだい」という音声を単に結びつけて暗唱している場合があります。通常であれば、人に接触したり、身ぶりや発声をしたりして相手に自分の思いを伝える経験を基礎にして、話し言葉が発達するのですが、そういった段階を飛び越えて、話し言葉だけが発達するというアンバランスな発達が本項の行動と関係している、と思われます（図15-2）。また、お子さんによっては、最初にコミュニケーションを開始する方法がわからない場合があり、そのことがコミュニケーションを難しくしている場合があります。

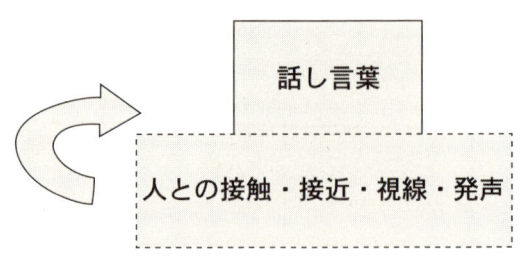

話し言葉

人との接触・接近・視線・発声

図 15-2

どうしたらいいの？

「視線が合わない」の項で述べたように、「視線をきっちり合わせる」ことを目標にすることは適切ではないでしょう。まずは、「相手の近くにいくこと」「伝えたい相手に、伝えていることがわかってもらえること」を目標とした方が良いでしょう。

2通りの考え方があります。1つめは、実物や絵や写真、文字などの視覚的手がかりを「相手に渡す」ように促すことです。「もうしゃべっているのに何故？」と考える人もいると思いますが、理由のところで述べたように、「話すこと」が必ずしも「コミュニケーション」に結びつかないのが、自閉症スペクトラムの特徴の1つです。お子さんがよく要求する物や場面をを予め想定して、絵や写真を用意し、それを手渡して要求するように教えることです。そうすることで、「人の近くに行き、人に向かうことの効果」を、お子さんが少しずつ学習できるようになることがあります（図15-3）。2つめは、物や言語を最小限にしか用いないシンプルな遊びの中で、お子さんが相手の近くに行く、あるいは相手に触ったら、相手が反応して、お子さんにとって楽しいことをする（例：くすぐり、など）等の遊びを生活の中で行っていくことです。

気をつけよう

いずれにしても、お子さんにとって興味のある活動から始め、本人にとって人に伝えることがプラスの経験となる必要があります。そうでないとお子さんにとって意味をなさないことになるので注意が必要です。また、絵カードの渡し方等を教える際は、可能であればもう1人お子さんのモデルとなって教える人がいると教えやすいでしょう。教えるほうも、教えられるほうも混乱しやすい部分ですので、専門家に相談しながら進めることが必要でしょう。

図15-3 人の近くに行き、人に向かうことの効果を学習する。

16. 独り言を言う

(トトロ、トトロって言うのね)

どうして？

前項の『15．壁に向かって要求する』の所でも述べたように、「話すこと」が必ずしも「コミュニケーション」に結びつかないという自閉症スペクトラムの特徴を示す例と言えるでしょう。反復的な行動の1つと考えられ、自閉症スペクトラムのお子さんの特徴的な行動の1つです。コマーシャルのフレーズや映画の台詞を言ったり、歌を歌ったり、お母さんの日頃よく言う言葉を話す等、その形はお子さんによって様々です。必ずしもその言葉の意味を理解しているとは限らないことも多いようです。しかし、お子さんの様子をよく観察してみると、不安な時に多かったり、機嫌が良い時にでたりなどお子さんによって一定の傾向が見られることがあります。遅延性エコラリア（『17．オウム返しになる』を参照のこと）と呼ばれる現象とも関係があります。独り言に何らかの、お子さんの意図や気持ちが含まれている場合もあるようです。

どうしたらいいの？

独り言が出ている場合、それをまったくなくすことは難しいでしょう。周囲の人がするべきことは、その独り言がどのような状況や気持ちから出てくるのか、を把握することです。その独り言がお子さんの不安や混乱を反映しているのなら、その不安や混乱に結びついている状況をつきとめて、可能ならば解決することです。自分の家や部屋での独り言であれば、許容することも大事です。

問題は、コンサート等独り言によって周囲の人に迷惑がかかる社会的な状況において、独り言が出た時です。何か安心できる物を手にもっていることで、独り言が一定時間コントロールできるのであれば、そのような物をもっていることは有効でしょう。また、一定時間を超えると独り言が出てしまうのであれば、一定時間はその場所ですごし、その時間を超えたらその場所から離れて休憩をすると有効な場合もあります。また独り言を言っても構わない場面（自分の部屋やトイレなど）を確保しておくことも大切です。将来的には、独り言が出そうな時には、自分で独り言を言っても良い場所に移動する、というような問題解決ができれば良いでしょう。

気をつけよう

　お子さんは独り言を意識して言っている訳ではありません。多い日もあれば、少ない日もあるでしょう。体調が左右することもあるでしょう。そのようなお子さんのコンディションを見て、周囲の人は対応策を柔軟に立てておくことが必要です。つまり、昨日が５分間静かにできたからと言って、今日も同じようにできるとは限らないということです。また時として視覚的手がかりが有効で、「しー」「静かにする」という絵や文字の指示があることで、独り言をコントロールできる場合があります。しかし、この方法を必要以上に多用すると、お子さんがストレスを感じ、別の部分にしわ寄せがいくこともあります。また、その方法に対してお子さんが拒否感を強めてしまうこともあります。このことに限らず、得てして即効性のある方法は、使い方を誤ると弊害が生じる場合があるので注意が必要です。

　また、一方で「静かにする」のようなルールを理解し守ることは、非常に難しい場合が多くあります。こういったルールは言葉の理解力だけでなく、状況の理解や自分の行動や感情をコントロールする力を必要とするからです。食事中に椅子に座る、食後に片付けるなど、より易しいルール理解への取り組みから始めることも必要でしょう。

関連する関わりの原則：「即効性は、副作用も...」

17. オウム返しになる

「何を食べたい?」と聞くと「何を食べたい?」とオウム返しが返ってくる...

どうして?

　オウム返しも、自閉症スペクトラムのお子さんの特徴的なコミュニケーションの1つで、エコラリアと呼ばれます。意味理解や状況理解の弱さを反映した現象と考えられています。例の中での「何が食べたい?」という言葉の意味がわからない面と、相手の意図を理解することの難しさや好きな食べ物を選ぶという状況の理解の困難さが複雑に絡み合って起きるようです。特に言葉を話し始めた時期に多く見られるようです。即時性のエコラリアと言われ、その場ですぐに反復するもので、前項の『16. 独り言を言う』の例で見られるような一定時間経って反復する遅延性エコラリアと区別されることがあります。また、相手の言葉全てを反復することもあれば、一部だけを反復するものもあります。お子さんの様子を観察してみると、単純な反復だけでなく、イエスの役割を果たしていることもあります。「ジュース飲む?」の問いかけに、「ジュースノム」と答えるお子さんの場合、オウム返しではあってもそれは本人のジュースを飲むという意志の現れと解釈できることがあります。つまり、そこには通常とは異なる方法ですが、本人なりの意志が含まれていることがある、ということです。

どうしたらいいの？

　大切なことは、周囲の人がオウム返しをするお子さんの気持ちや意志を推測して、理解することです。オウム返しは、確かに自閉症スペクトラムに特徴的なコミュニケーションですが、オウム返しがあるからと言って、意思の疎通がまったくできない訳ではありません。経験上感じることですが、多くの親御さんは、お子さんがどんな気持ちや意志でオウム返しをしているのか、直観的に把握しているようです。「これは混乱しているな」とか「食べたいけどイライラしているな」とか「普段はカレーが好きだから、カレーが食べたいんだな」と言う様にです。一方、こういったオウム返しは、長い目で見ると、言語理解力の高まりとともに少しずつ減っていくことが多いようです。ですから、周囲の人が心掛けておくことは、焦ってオウム返しをなくそうとするのではなく、オウム返しをするお子さんの気持ちを理解し、オウム返しをしながらもお互いに意思を疎通すること、だと言えます。別のいい方をすれば、日々の生活の中で、お子さん、親御さんともストレスを必要以上に高めず、オウム返しとどうつきあっていくか、が大事と言えるでしょう。

　お子さんのオウム返しとつきあうための配慮事項をいくつかここに述べます。
1）お子さんの混乱が大きい程、大人からの声かけを減らし、それ以上はお子さんに負荷を与えないこと。
2）言葉だけで関わるのではなく、視覚的手がかりを用いて関わるようにすること。
3）お子さんの気持ちや意志がはっきりしている場合は、お子さんのとるべき行動を短く、シンプルに教えること。

です。

---

1. 言葉かけを減らすこと
2. 視覚的な手がかりを用いること
3. とるべき行動を短く、シンプルに教えること

それでは、「何が食べたい？」という大人からの声かけに対してお子さんがオウム返しをする例について考えてみましょう。まず、オウム返しが見られたら、繰り返し同じ質問をしないこと、ましてや「今日の晩ご飯はなにがいいの？カレー？ハンバーグ？」等と多くの質問を浴びせないことです。余計にお子さんを混乱させるからです。視覚的手がかりには、実物（カレールーの箱など）、絵や写真（料理本や広告の切り抜きでも良い）をお子さんに呈示する、等の方法があります。この際もできるだけ、口頭での質問は減らして、視覚的な手がかりを呈示すると良いでしょう。お子さんが指さしや手渡しだけで答えた場合に、お子さんに復唱してもらうと良いでしょう。例えばカレーを選んだ場合は、「こういう時はカレーちょうだいっていうのよ」等と説明するのではなく、シンプルな表現、例えば「カレー」のみを言ってもらうようにしましょう。はじめはその方が負担が少なく、長い目で見れば、お子さんが場面にあった適切な表現を学びやすいからです。選ぶこと自体の意味を理解していないお子さんの場合は、視覚的な手がかりがあったとしてもやはりオウム返しになり、親御さんからするとお子さんの気持ちがわからないことがありますが、そのような場合は、それ以上追求しない方がいいでしょう。普段そのお子さんが自発的な要求行動をあまり示さないのであれば、オウム返しの改善よりも、自発的な要求行動が増えることを優先的な目標とするべきでしょう。自発的な要求行動はでるけれど「選ぶこと」ができない場合は、お子さんがどちらを選ぶか、お子さんの気持ちが推測しやすいように、選択肢の組み合わせを工夫する必要があるかも知れません（お子さんの好きなものとそうでないものの組み合わせ、等）。

気をつけよう

　今回の例とは異なり、「〜もってきて」等の大人からの指示に対し、オウム返しをするお子さんの多くはその指示を理解していないことがあるように見受けられます。その場合も、大人は必要以上に口頭での指示はせず、視覚的な手がかりを用いたり、明らかに混乱しているのであれば、どうすればいいか、お子さんに簡単な指示で直接教えてあげるのが良いでしょう。例えば、持ってくるものを指さしたり、渡したりする等言葉を用いないように教えてあげると良いでしょう。

　「今日は何したの？」のような質問に対してオウム返しをする場合について

は、『１９．質問に答えて欲しい......』をご参照下さい。
　お子さんによっては、相手の言葉を何から何までオウム返ししてしまう場合もあります。そのような場合、お子さんは全体的に混乱している、あるいは不安になっている、と考えた方がよいでしょう。オウム返しに対する配慮をした上で、場面全体をわかりやすくして、お子さんが安心できる環境にする必要があるでしょう。

コラム：オウム返し（エコラリア）の経験
成人の自閉症者の言葉

　わたしには、そうした人々の口から出ることばなどはどうでもよかった。だが彼らの方は、そうではなかった。私が答えるのを期待し、待っている。答えるためには、自分が何と言われたか理解しなければならない。（中略）「一体おまえは何をしているの？」いらだたしげな声がする。とうとうこれは何か言わなくてはならないと感じて、わたしは妥協することにする。そして誰に言うともなく、耳に入ってきたばかりのことばをそのまま口に出す。
「いちいち真似するんじゃありません」声は怒っている。
また何か言わなくては、と思い、わたしは言う。「いちいち真似するんじゃありません」

出典：ドナ・ウイリアムス著　「自閉症だったわたしへ」　新潮文庫より引用

18．要求の言葉が質問調になる

（おやつ食べようか？）

「おやつがほしい」と言えばいいのに「おやつをたべるの？」、「さあ、おやつをたべようか？」と質問調で言ってくる...

どうして？

いつも親御さんに言われていることを、その場面になると繰り返している可能性があります。しかし、そこにはお子さんの「おやつをたべたい」という意図は含まれているようです。問題は、その表現の仕方であり、そこには要求する人と要求を受ける人と言う役割の理解、状況の読み取りの問題が関連していると思われます。お子さんによっては、CMのフレーズを言って要求したりすることもあります。場面と結びつけて記憶した聴覚情報を再生することで、要求しているのだと思われます。これはオウム返し（エコラリア）と類似した現象と思われます。

どうしたらいいの？

まずは、「オウム返しになる」と同じようにお子さんの意図をわかってあげることが第一です。次に対処方法です。くれぐれも「こう言う時は、おやつがほしい、と言うのよ」と口頭で説明しないことです。オウム返し（エコラリア）の時と同じように、「おやつ」とか「おやつほしい」などのシンプルな表現のモデルを端的に示して、できるようならお子さんに模倣してもらう位の対応が良いでしょう。お子さんが模倣をしたら、すぐに反応してあげ、気持ち良くおやつをあげましょう。お子さんによっては、絵カードや文字があった方が適切な表現を思い出すことがあるようです。

オウム返し（エコラリア）と同じように、この現象はお子さんの言語や状況の理解力等の高まりとともに少しずつ改善していくことが多いようです。

気をつけよう

　言葉を場面に合わせて適切に使うことは、自閉症スペクトラムのお子さんにとっては、かなり困難を伴うことだということを常に念頭に置いておく必要があります。初期にこう言った困難を示したお子さんは、年齢が高くなってから「ただいま」と「おかえり」あるいは、「〜してあげる」、「〜してもらう」等の役割の理解を必要とする言語表現を混同することが多いようです。こういった場合も同じように考え、対応することが望ましいと思われます。

１９．質問に答えて欲しい……

> 今日は何をしたの？

「今日は何をしたの？」「何を食べたの？」と聞いても黙っている、嫌がる、オウム返しになる...

どうして？

　質問に答えられるようになるためには、言語の理解力、表現力だけでなく、人の意図の理解や状況の理解、また人に伝えようとしたり、話題を共有しようという意欲等複数の能力を必要とします。また、過去の出来事など目の前にない題材をイメージする想像力も必要とされます。自閉症スペクトラムのお子さんが会話が苦手なのは、このためです。一般的には、２歳半や２歳後半位になると会話が広がってくると言われていますが、自閉症スペクトラムのお子さんが質問に答えることができるにはさらに時間がかかることが多いようです。また、お子さんの年齢や知的発達のレベルなども関係します。

どうしたらいいの？

　言語などの検査の結果で、お子さんが２歳台の言語発達に届いていないようであれば、まだ無理に質問をしない方がいいでしょう。お子さんにとっては、わからない質問をされるのは、苦痛なことでしょうから。
　２歳台に達してきたら徐々に、「今日は、ドラえもんみたね」とか「今日は、カレー食べたね」など親御さんがその答えを知っていて、お子さんが興味を持ちそうな話題を投げかけてみてもよいでしょう。場合によっては、お子さんがドラえもんの歌を歌ったりしてくれるかも知れません。また、質問をするにしても、お子さんの反応を見て、難しいようであればできるだけ早いタイミングで「カレー食べたね」等と答えを言ってあげるようにしましょう。そうすることで、お子さんの質問に対する拒否感を最小限に

できるので、長い目で見ればその方が、良い場合もあります。

　また、視覚的にわかる手がかりがあると、お子さんにとって会話がしやすくなることが多いようです。動物園に行った時のパンフレットや外で拾ってきたどんぐり、園の集合写真などがあると、お子さんにとっては今何が話題なのかが、わかりやすくなるようです（図19-2）。質問をされるといやがるお子さんでも、自分からはしゃべってくれる場合もあるようです。また、お子さんによっては、絵本でのやりとりの方が無理なく会話を楽しみ、スキルを身につけやすいこともあります。また、話題の対象が、目の前にあると答えやすい場合があります。実際、カレーを前にして、「今日のごはんなんだ」と聞けば答えやすいかも知れません。

　もう1つの考えは、質問をする話題とタイミングを決めることです。そうすることで、お子さんがどういったことが話題になるか、予想できるからです。例えば、園からの帰り道に、お休みだった友達の名前を聞く、等です。

　実際は、以上の考え方を組み合わせた方がいいでしょう。園をお休みした友達についての質問にしても、先生に事前に誰がお休みだったか確認しておく必要があったり、写真があった方が良いかも知れません。

気をつけよう

　くどいようですが、質問がお子さんにとって苦痛にならないように最大限配慮しましょう。また、一度答えられても、次の質問には答えられない場合もあります。せっかく答えられたのに、また別の質問をされれば、やはりお子さんにとっては苦痛でしょう。親御さんの最後の引き際が大事です。会話の「後味を良くすること」が大事です。例えば、最後の親御さんからの一言が「カレーだったでしょ」とたしなめたように終わるのではなく、「カレーおいしかったね」とポジティブに終わるようにするといいでしょう。

関連する関わりの原則：「後味を良くしよう」

図19-2　パンフレットをみて経験したことを共有する。

２０．だれかれ構わず挨拶する

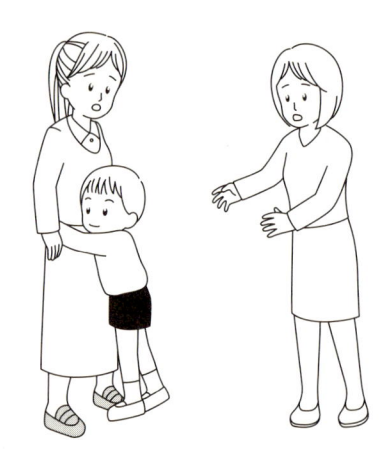

人に挨拶をするのは良いけれど、知らない人にも挨拶をしてしまう。抱きついてしまうことも...

どうして？

　一番大きな理由としては、対人認知の問題と社会的な状況の理解が挙げられるでしょう。人によって親しさの違いつまり人間関係の濃淡があり、私達は直観的にそのことを学び、そしてその直観にしたがって行動します。しかし自閉症スペクトラムのお子さんは、そのことを学びにくいのです。確かに、積極的に人に働きかける事自体は良いこともあります。お子さんが小さいうちは、そういった行動を周りの人は可愛いと肯定的に受け止めてくれることもあります。しかし、お子さんが大きくなるにつれて、周囲の人が違和感を覚えるようになります。このような社会的な状況がわからないと、周囲の人を驚かしてしまうだけでなく、お子さん本人の安全にも関わる問題にもなります。「積極・奇異型」の社会性と分類されるお子さんの中には、こういった行動を示すお子さんがいます。

どうしたらいいの？

　大事なのは、ルールを単純化することです。社会的なルールはゲームのルールのようには単純ではなく、時と場合によって異なる複雑なものです。そのルールを1度に学習するのではなく、まずはやめて欲しい行動を最優先にして、ルールを単純化することで少しずつ学ぶことが大事です。この例では、挨拶よりもまずは抱きつく、と言う行動に焦点を当てることが必要です。もう1つ大事なことは、認めない行動と認める行動をできるだけセットにすることです。つまり「だめ」だけではお子さんは何をす

ればよいのかわかりません。「これはいいよ」という行動も教える必要があるのです(関連する関わりの原則:「No」よりも「Yes」を)。例えば、特定のお店の中ではだめだけれども外ならいい、抱きつくのではなく挨拶をする、お客さんにではなく店員さんになら良い、等です。また、このことは視覚的に具体的に伝える必要があります(図20-2)。そしてこのことは前もって伝えておく必要がありますし、場合によっては視覚的に書いたメモを持って出かける必要があるかもしれません。

　もう1つ、人との関係を視覚的にわかりやすく教えていくとよいでしょう(図20-3)。挨拶をする人、家族等抱きついてもいい人等を具体的に書いていくようにします。これをお家で時間のある時に一緒に見て確認していくと良いでしょう。

抱きつくのはだめだけれども、挨拶は良い

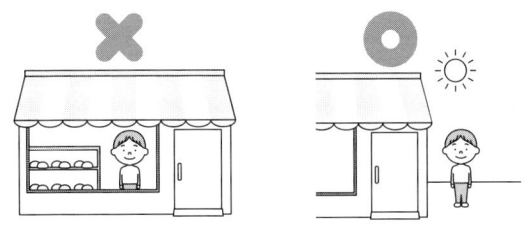

お店の中はだめだけれども、外では良い

図20-2

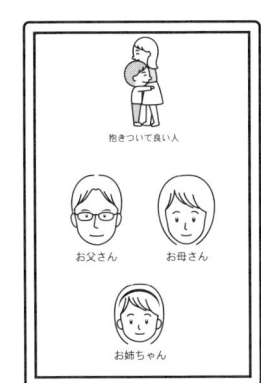

図20-3

気をつけよう

　以上述べた関わりが、すぐ功を奏する場合もあるでしょうし、そうでない場合もあります。効果が出にくい場合には、いくつかの理由が考えられます。この行動は、お家の外での行動をターゲットにしています。出先と言うのは、色々な刺激があり、予想外の出来事が起こりやすい場面です。刺激の多さが問題になっているような場合は、お家の中で似たようなルールを目標にすると良いかも知れません。例えば、おやつの時は椅子に座る、その前に手を洗う、等です。お子さんによっては、こういった家の中での行動を優先した方が良い場合もあるでしょう（関連する関わりの原則：日常から非日常へ）。

　一方、効果があるような場合でも配慮が必要です。このようなルールを守ることは、お子さんに大きな負担をかけます。ですから、この時期に他の課題も併行して行うことは過度なストレスをお子さんにかけることになるので避けた方が良いでしょう（関連する関わりの原則：即効性は、副作用も...）。

　ルールが守れた時には、ある程度ご褒美があっても良いでしょう。何かおやつを買うということがあってもいいかも知れません。但し、そのご褒美は魅力的過ぎないように配慮しましょう。買い物の時、いつもはお母さんが選んでいるデザートをその日はお子さんに選んでもらう位が良いかも知れません。また、その日のデザートやテレビやビデオやゲーム等、通常していることを示しても良いかも知れません。わざわざご褒美を用意しなくても、「あとでこんないいこともあるよね」と予定を確認するだけで充分かもしれません。但し、くれぐれも「ちゃんとやらないとあげないよ」といった「おどし」のような関わりにならないようにしましょう。このあたりの「さじ加減」が難しく、時にはうまくいかないこともあると思いますが、親御さんがそういった「さじ加減」を頭の片隅にいれておくことが大切です（関連する関わりの原則：「おどしにならないように」「ストレスになる活動の後には、楽しいことを」）。

　少し横道にそれますが、お子さんが積極的になってくると、他の問題も幾分目立ってくる可能性があります。また、それまでずっと抱えていた問題もあるでしょう。ここで言いたいのは、問題となる行動に優先順位をつけることです。もっとも緊急性のある問題やもっとも対応しやすい行動、あるいは親御さんがもっとも気になる行動からアプローチを始めることが大切でしょう（関連する関わりの原則：「優先順位をつけよう」）。

　ここでわざわざこのことにふれる理由は２つあります。１つにはこの時期に

なるとお子さんの示す問題は1つだけではない可能性があること、もう一つはこの挨拶の問題への対処には時間がかかることです。どの問題が優先順位が高いかを判断するには、やはりお子さんのことをよく知っている専門家に相談するのが一番でしょう。ですから、場合によってはこの挨拶の問題はもう少し先の課題にした方が良い場合もあるということです。

コラム：ウィングによる社会性のタイプ

　イギリスの児童精神科医のウィングは、自閉症スペクトラムのお子さんの社会性を「孤立型」、「受動型」、「積極奇異型」のタイプに分けて考えることを提唱しました。この分類法は、厳密な定義ではありませんが、自閉症スペクトラムの中でも色々な社会性のお子さんがいること、また場面によっては様々な社会性を示すという自閉症スペクトラムの多様性を表現するのに有用なため、広く用いられています。このタイプは固定的なものではなく、1人のお子さんが初期には「孤立型」であったのが、「受動型」になり、「積極奇異型」になることも比較的多いようです。また、同じお子さんがある場面では、孤立型だが、違う場面では「積極・奇異型」ということもあるようです。

　本書の例では、『1．おもちゃで一緒に遊びたい......』の例のお子さんが「孤立型」、『5．要求を伝えて欲しい......』の例のお子さんが「孤立型」あるいは「受動型」、本項の『20．だれかれ構わず挨拶する』の例のお子さんが「積極奇異型」のタイプに分類されるような行動を示しています。しかし、一方でこの分類は相対的なものであり、1つの行動だけで判断するべきではない、ともされています。

関連する図書：自閉症スペクトル　ローナ・ウィング　東京書籍

２１．繰り返し同じことを質問する

「今何時？」「今日はおでかけ？」等と繰り返し同じことを質問する。「さっき言ったでしょ」と返しても、また質問をしてくる...

（吹き出し：今日はおでかけ？）

どうして？

　同じ言葉を繰り返し話す、というのも自閉症スペクトラムの特徴の１つです。興味の偏りや狭さ、変化への抵抗や不安など、『４．いつも同じ遊びになってしまう……』の所で述べたのと同様の理由が考えられます。この例は、そういった反復的行動が「質問」という形で現れた例とも言えます。ですから、彼らの「質問」が私達の考える質問と異なることがあります。単に相手が自分の思う通りの反応をしてくれることを求めているだけの可能性もあります。また一方で、本当に時間が気になるから質問している場合もあるでしょう。人によっては、挨拶や注意をひくため、あるいは不安の現れである可能性もあります。いずれにしても、お子さんの様子を観察して、こういった行動の背景を見極める必要がありそうです。複数の理由が混じりあっていることもまれではありません。

どうしたらいいの？

　反復的な質問の起きる理由によって対応は変わってくるでしょう。但し、共通して言えることは、『４．いつも同じ遊びになってしまう……』の項でも述べたように、生活全体が「不安」なものになっていないか、チェックが必要だと言うことです。
　このように反復的な質問が、「不安」と深く結びついている場合は、その不

安の原因への対処を優先することが大切です。日常生活についての視覚的なスケジュールによる対応が充分でない場合は、そのことを徹底することが必要かもしれません。

どうやらお子さんが人との関わりを開始する時の「挨拶」や「注意をひくため」に質問している場合は、「おはよう」や「ねえねえ」などその目的に合った表現を促します。また、「きょうは、お団子食べる？」のような質問のように特定のものを要求していることがはっきりしている場合は、その要求にあった表現をするように促します。その際は、いつ要求がかなえられるか、つまりいつお団子が食べられるか、を視覚的に明示してあげるとよいでしょう。

質問の回数を視覚化して、一定の回数は答えるけれども、一定の回数を過ぎたら「もう質問はおしまいです」と伝えることで、おおまかな会話のルールを学習していくことも必要かもしれません。

気をつけよう

そう簡単にこの行動が改善する訳ではありません。辛抱強く関わることが大切です。何故なら、会話のルールはルールの中でも理解が難しいものだからです。難しい場合はより具体的で守りやすいルールを練習していくことも必要でしょう。例えば、好きなごはんのおかわりの回数を決める、買うおやつの数を決め、その際に視覚的な手がかりを使うようにしていく、等です。こういった具体的なルールを守ることに時間がかかるようであれば、会話のルールについてはもっと時間がかかる、と考えた方がよいでしょう。そして、もう1つくどいですが、質問をなくすことにやっきになるよりも、日常生活の不安を軽減することが最優先であるを忘れないようにしましょう。

関連する関わりの原則：「安心のための土台が最優先」

関わりの原則

「No」よりも「Yes」を

　お子さんが問題行動を示すとどうしても、「〜しないの」「〜しちゃだめ」という否定的な声かけが多くなります。しかし、そういった声かけは情緒的に好ましくないばかりか、自閉症スペクトラムのお子さんにとっては曖昧な声掛けであり、わかりやすいものではありません。例えば、手でご飯を食べてしまうお子さんには、「手で食べないの」ではなく、「スプーンで食べようね」と伝えるようにしましょう。その際に、視覚的にスプーンで食べている絵も一緒に呈示すると、より指示が具体的になり、何度も言わなくてすみ、結果的にネガティブな声かけが減ることになります。基本的な心がけとして覚えておくとよいでしょう。この考えは、おもちゃを投げてばかりいるお子さんに、「投げちゃだめ」と伝えるよりも、おもちゃの適切な遊び方を教えてあげる、という対応の仕方にもつながります。非常に応用範囲の広い原則と言えるでしょう。

　　関連する項：『7．物を投げる2：注意をひきたい？』
　　　　　　　『20．だれかれ構わず挨拶する』

おどしにならないように

「好きな活動をおしまいにしたくないよう...」のところで触れましたが、「これをしないと好きなことができないよ」というような、良く言えば交渉、悪く言えばおどしみたいなやりとりになることがあり、しばしばそういった関わりは有効なことがあります。しかし、こういったやりとりは度が過ぎると「きゅうくつな」やりとりになり、長い目で見ると好ましくないことがあります。それほどおどさないとできないことは、どこかでお子さんに負担をかけている可能性もあります。これは１つの心がけとして、頭の中に入れておいた方が良いことでしょう。

ニュアンスの違いのように見えますが、「これをしないとテレビが見れないよ」ではなく、「これが終わったら、テレビだよ」と穏やかに伝えるようにしましょう。

関連する項：『９．好きな活動をおしまいにしたくないよう...』
　　　　　　『２０．だれかれ構わず挨拶する』

日常から非日常へ

　予告のところで触れたことと関係します。日常的な出来事を予告していないのに、ある日、歯医者という非日常的な出来事を予告されても、お子さんにとっては、まさに「寝耳に水」です。これは、色々な場合に当てはめて考えられます。例えば、日常的に人に要求することが少ないお子さんに、困った時にだけ助けを要求できるようになって欲しいと望むのは難しいことが予想されます。困った時というのは、非日常的な出来事だからです。確かに、手助けを要求することは、生きる上で大変重要なことですが、お子さんが日常的に要求をしていないのに、困った時という非日常的なことで要求することをお子さんに求めることは、現時点では難しいことなのかも知れません。お子さんに必要以上の負担や混乱をあたえることのないように、今の目標を見直すことが必要でしょう。この例であれば、お子さんの当面の目標は食べ物や色々な物の要求など日常的な要求を少しずつ増やしていくこと、になります。その他にも、毎日の家庭や幼稚園でのルールを守ることがまだ難しいのに、外出先や行事でルールを守らせようとするのもこの原則と関係します。まずは毎日の生活の中での日常的な場面から基礎を作っていくことです。

　　関連する項：『５．要求を伝えて欲しい...』
　　　　　　　『１１．予告をしたのに..２』
　　　　　　　『１２．予告をしたのに..３』
　　　　　　　『２０．だれかれ構わず挨拶する』

視覚的サポートの活用を

　視覚的なサポートは、自閉症スペクトラムのお子さんにとって色々な点で役に立つ支援方法です。言われた言葉を忘れないようにするため、相手に伝えるための表現方法を補うため、具体的なルールの理解を補助するため等の役割があります。こうすることで、お子さんの自発的、自立的なコミュニケーションが促進されます。

　視覚的なサポートをうまく使うことで、「さっきも言ったでしょ」、「なんて言うんだっけ？」、「あと１回だったはずでしょ」等のネガティブな関わりを減らすことができます。視覚的サポートは、お子さん本人だけでなく、周囲の人にも良い影響をもたらすのです。

　　関連する項：『５．要求を伝えて欲しい...』
　　　　　　　　『８．いつまでも要求する』
　　　　　　　　『２１．繰り返し同じことを質問する』

うまくいかない原因を探る：氷山モデル

　「うまくいかない原因を探る」という考え方は、この本全体を通しての考え方です。この考え方を視覚的なイメージとしてモデル化したのが、TEACCHプログラムにおける「氷山モデル」です。水面上に見える氷の下には、その行動の要因と考えられるより巨大な氷山が、隠されているというイメージです。『6．物を投げる1：拒否？』の項で述べたように、例えば「物を投げる」という困った行動の水面下には、本人の拒否や、コミュニケーションの未熟さなどの要因が隠れているかもしれません。よく見受けられるのは、この要因を検討する事なしに、対応を考えようとすることですが、それでは、対応が場当たり的、対処療法的になってしまうでしょう。困った行動の背景にある要因に目を向けさせてくれる点にこの氷山モデルの特徴があります。

　この考えを、物を投げるというような目立つ問題行動だけでなく、『5．要求を伝えて欲しい...』で見られた人に要求することが見られないというような、一見目立たない行動の背景を探る場合にも応用することができます。

　　関連する項：『6．物を投げる1：拒否？』
　　　　　　　　『7．物を投げる2：注意をひきたい？』

即効性は、副作用も...

　よく効く薬は副作用が大きいように、即効性のある対応はあまり続けていると弊害が出ることもあるので注意をしましょう。『９．好きな活動をおしまいにしたくないよう...』の項で書いたように、おもちゃを箱に片付ける方法が有効だからと言って、お子さんの気持ちや状態をあまり考慮しないでおこなっていると、逆にお子さんはいやがるようになったり、あるいはストレスが高くなる可能性があります。また、普段から好きな遊びを広げる、予告することを増やしておく、などのバックアップ的な対応をしておくことも必要です。　大事なのは、１つの方法だけにあまり頼らないように、ということとも言えます。

　　関連する項：『１６．独り言を言う』
　　　　　　　　『２０．だれかれ構わず挨拶する』

後味を良くしよう

　「終わり良ければすべて良し」ということわざのように、物事は終わりが大事です。『１９．質問に答えて欲しい...』の所で触れましたが、お子さんががんばっているのに、最後がネガティブな関わりになってしまうと、お子さんの次からの学習意欲に影響します。

　一般的に「よくほめてあげよう」と言われますが、大事なのはお子さんにとって何をほめられたか、いつほめられたか、です。お子さんなりにがんばって答えたり、真似をしたりしたすぐ後に、「おーそうか」「そうだね」と間髪入れずにポジティブな反応をしてあげましょう。

　もっとも、こういった関わりができるには、お子さんの気持ちやコンディション、能力などを見極めていないと難しいことが多いようです。この見極めが難しいと、一度ほめた後に、さらに別の課題をお子さんに課してしまうことにもなります。そうなるとかなり「後味」が悪くなります。後味を良くするには、大人が深追いせず、いさぎよく終わりにすること、が必要です。
思わず深追いしてしまった時も、大人が早目にそのことに気づき、「サンキュー」「ありがとう」とフォローを忘れないようにしましょう。

　関連する項：『１９．質問に答えて欲しい...』

ストレスになる活動の後には、楽しいことを

　日々の生活にストレスがないに越したことはありませんが、いつもそういうわけには行きません。お子さんによっては、欲しいものを我慢する、物を片付ける、椅子に座り続けることだけでもストレスになることがあります。そういったストレスになりがちな活動をした後には、意図的にお子さんにとって楽しい活動ができるように予定を立てていく必要があるでしょう。そのためには、お子さんにとって何がストレスで、どれくらいストレスなのかを周囲の人が見極めていくことが必要です。また同時に何が楽しいのかも周囲の人が把握しておく必要があります。

　関連する項：『２０．だれかれ構わず挨拶する』

主張と応答のバランス

　コミュニケーションは、人に訴える主張性と人からの働きかけに応じる応答性、の2つの方向性があります。この両者のバランスを意識することが大事です。

　このバランスの視点は、お子さんの特徴を捉える時に有効です。イギリスの児童精神科のウィングによる社会性のタイプに「孤立型」「受動型」「積極・奇異型」等があることは他で述べましたが（コラム：ウィングによる社会性のタイプ）、これらのタイプはこの主張と応答のアンバランスさと密接な関係があります。お子さんの社会性のタイプや状態によって、応答性に重点を置いた関わりが必要な場合と逆に主張性に重点を置いた方が良い場合があります。

　また、この主張と応答のバランスの視点はお子さんとの実際のコミュニケーションを考える際にも役に立ちます。日頃人からの働きかけに応じることを多く求められるお子さんは、ストレスがたまっている可能性があります。そういう場合は、意識的に、遊びや余暇の時にお子さんが好きなものを選べる、つまり主張できる時間を用意してあげることで、お子さんが精神的にバランスをとれるように配慮してあげるとよいでしょう。また、スケジュールに従って行動する際も、お子さんは応じる事を求められがちですが、スケジュールの中に好きな活動を選ぶ項目を入れることで、お子さんからの主張、発信を保障することにもなります。

　このようにこの主張と応答へのバランスがとれているか、周囲の人がアンテナを張って日々対応することで、お子さんと家族の安定、ひいては問題行動の予防にもつながるでしょう。

　関連する項：『8．いつまでも要求する』

優先順位をつけよう

　うまくいかない行動や目標が複数ある場合、それらに優先順位をつけてアプローチすることは非常に大事です。この優先順位をつけないとあれもこれも何とかしたい、と親御さんもお子さんも混乱してしまう危険性があるのです。最も緊急性のある問題や最も対応しやすい行動、あるいは親御さんが最も気になる行動の中から、優先順位をつけてアプローチすることが大切でしょう。何を優先するかは、個々のお子さんの状態にもよりますが、共通して言えるのは、「土台の安定が最優先」ということです。不安への対処などはどんな時でも念頭において考えるべきと思われます。この優先順位については、お子さんのことを良く知る先生や専門家との情報交換、意見交換が欠かせません。

　関連する項：『２０．だれかれ構わず挨拶する』

一緒と独りのバランス

　私達にとって、1人でいる時間と人と過ごす時間のバランスをとることは気持ちの安定の上で大事なことです。そしてそれは、自閉症スペクトラムのお子さんにとっても同じなのです。私達は、自分の気持ちや状態を察知して、自分で自分の行動をプラニングして、「今は1人で過ごそう」とか「誰かと遊ぼう」等と考えて、スケジュールを立てます。幼い子どもであっても、それを言語化したり、言語化できなくてもぐずったりなどの何らかの意思表示をする中で、周囲の人がそのバランスをとろうとします。しかしそういったことが自閉症スペクトラムのお子さんにとっては難しい場合があるのです。

　この本はコミュニケーションに重点を置いているために、「どうしたら人と関わることができるか」ということを強調していますが、常に人と関わることを自閉症スペクトラムのお子さんに強いることは、全体からみて決して好ましいことではありません。何故なら、人との関わり自体がストレスになることが自閉症スペクトラムのお子さんには比較的よくあるからです。ですから、この両者のバランスを周りの人が意識して、お子さんの生活をスケジューリングしていくことも大切になるのです。ですから、1人での時間も尊重し、その過ごし方についても配慮していく必要があるのです。

　例えば、『1．おもちゃで一緒に遊びたい...』や『5．要求を伝えて欲しい...』で、おもちゃで人と一緒に遊ぶことについて述べましたが、例えば1人でこまを回せるようになったら、それはそのお子さんの1人遊びのレパートリーに入れても良いのではないでしょうか。一緒にする遊びは、また別の遊びを見つければ良いのです。

　　関連する項：『7．物を投げる2：注意をひきたい？』

感情が安定する活動を探して増やす

　お子さんはどんな活動をすることで気持ちが落ち着き安定するのでしょうか？お子さんによっては、ミニカーを1人で押していること、狭い所に入っていること、トランポリンをしていること、絵を描いていることかも知れません。また、その時の状態によって、好む活動が違うかも知れません。

　いずれにしても、お子さんの感情が安定する活動を見つけ、増やすことは大事なことです。そのためには、お子さんの感覚の特徴をつかんでいる必要があります。また感覚的な好みや活動については作業療法士に相談すると良いアドバイスがもらえることがあります。そうでなくても、普段の様子を観察しているとわかることもあります。

　感情が安定する活動を知ることで、お子さんの機嫌が良くない時などの対応方法を知ることが出来ます。お子さんによっては、抱っこをしてあげる、さすってあげる等、人が介在する刺激で落ちつくこともあるでしょう。

　関連する項：－－－

関わりの原則

安心のための土台が最優先

　TEACCHプログラムの中で「構造化」という言葉があります。環境をお子さんにとってわかりやすくし、予測しやすくするように整えることです。この構造化は、家に例えると土台にあたります。この土台があって初めて私達は安心して暮らせるのです。この構造化という土台が弱いとお子さんは常に不安にさらされることになります。不安であれば、できることもできなかったり、例えできたとしても不安である事自体、すでに生活を楽しめていない、ということになります。コミュニケーションや遊びについて述べてきましたが、実はこの土台に基づいた安心が原点であることを忘れないでいたいと思います。

お子さんの生活の土台が安定しているか、をチェックするには

- お子さんのとりくむ活動が多すぎないか？
- お子さんのとりくむ活動がお子さんにとって難しすぎないか？
- お子さんが、移動する場所が多すぎないか？
- お子さんにとってストレスとなる時間が日常的にないか？
  （例：音への過敏があるのに、一定の時間それにさらされていないか？）
- 生活やルールが不規則でないか？
- これから起こることがきちんとお子さんに予告されているか？

などを見直すと良いでしょう。

　関連する項：『２１．繰り返し同じことを質問する』

セラピーはあくまで手段

　自閉症スペクトラムへの教育・治療方法として多くのものがあり、そのいくつかはここで紹介してあります。ただ、どんな方法論にしても、それはお子さんと家族がよりよい生活を営むための手段に過ぎません。しかし時に、特定のセラピーに忠実になるが余り、その方法にお子さんを合わせようと、逆に負担を強いているようなことを目にします。つまり目的と手段が逆転していることがあるのです。

　こういったことにならないためにも、色々な方法論をお子さんやその家族の状態に合わせて柔軟に、折衷的に利用していく事をお勧めします。本書は、そういった折衷的な姿勢を基本の考えとしています。ただ、色々な方法論を折衷的に用いるには、専門家による助言、ガイドが必要となるので、専門家との連携が不可欠になります。

関連する項：－－－

よくあるQ&A

よくあるQ&A

Question 1

絵や写真や身ぶりを表現手段として使っていると言葉が出なくなるのでは？

Answer

　結論から言うと、これらを使ったからと言って言葉が出なくなる、という心配はありません。むしろ促進する場合もあります。もっとも、1人の人間で使った場合とそうでない場合を比較することは難しいので、断定はできないのですが、ただ、経験上は、絵や写真あるいは身ぶり等の手段で、コミュニケーションできるということを子どもが理解すると、まずコミュニケーションしようという意欲がでてきます。『5．要求を伝えて欲しい…』の項で出てきた例のように、特にそれまで、人に伝えることは便利である、楽しいなどといった人に伝えることの意味にまだ気づいていないお子さんにとっては、特に当てはまります。

　関わる側が、絵や写真だけを使いまったく言葉を交わさない等の不視然なことをしていない限り、絵や写真あるいは身ぶりなどが、言葉の表出を阻害することはありません。

Question 2

言葉が出ない理由は？

Answer

　言葉を理解できないと言葉を表現することは難しいようです。言葉を理解できているかどうかは、日常場面の様子を見ているだけでは難しい場合もあります。理解できているようでいても、実は言葉ではなく、周りの状況を見て判断している場合もあるからです。「お出かけするよ」の声かけで玄関に走っていくから言葉がわかっている、という風に見えることもありますが、そういった時も、お母さんの支度の様子を見て判断していることがあります。どれくらい言葉を理解できているかは、言語聴覚士が評価できます。例えば「犬はどれ？」と言われて、写真や絵本、絵カードを指さしたり、とったりすることができる時期になると、少しずつ言葉が出てくることが多いようです。一般的には、言葉の理解力がかなり広がらないと（名詞あるいは動詞レベル）、言葉の表現は出てこないことが多いようです。

　その他、聴力の問題が言葉の理解力に影響している場合もあります。心配であれば、これも言語聴覚士による聴力検査を受けることをお勧めします。

　1人っ子だから、等の家庭環境が影響を及ぼしているのでは、と心配される場合もありますが、極端な言語環境、例えば複数言語の環境下などでなければ、影響を与えることはあまりないようです。

　知的な発達レベルは、言葉の理解力とも関係します。臨床心理士などに相談されるのも良いでしょう。

Question 3

言葉の理解ができているのに、言葉が出ない

Answer

　「言葉が出ない理由は？」の質問に対する答えで述べた、名詞や動詞レベルの言葉の理解力が育ってきているのに、言葉が出ない、ということも希にあります。このような場合は、お子さんが自閉症スペクトラムとは別に、特に表出言語の発達に弱さを持っている可能性があります。また、自閉症スペクトラムの発達特性が影響している場合もあります。こういった場合は、言語聴覚士に相談されると良いでしょう。小さい頃にしゃべらなかった自閉症スペクトラムの人の記述で、「言葉の音を出すことがコミュニケーションにつながることに気づかなかった」という例もあります。年齢や運動発達、知的発達レベル等多面的に評価していくことで、今後の教育プランを考えていくことが大事です。「噛む力が弱いから」、「ストローが吸えないから」、「よだれが多いから」という単一の理由で考えてしまう親御さんに会うことがあります。確かに口の器官の運動等は言葉と深く関係しますが、複数の要因が絡み合っている場合が多いので、専門家に相談して行きましょう。そうでないとお子さんに不必要なあるいは負担のかかる関わり（例えば、するめを噛ませる、無理にストローを使わせる、よだれを頻繁に指摘する等）をしてしまうことになります。

Question 4

単語しか言えない、2語文が出ない

Answer

　これも言葉の理解力と関係します。言葉の理解力が単語レベルであれば、表現が単語レベルであることが多いようです。言葉の理解力が2～3語文レベルであっても、表現が単語レベルであることも多いようです。いずれにしても、言語の理解力が伸びるにつれて、言語の表現力も向上します。ただ、自閉症スペクトラムのお子さんの場合は、特に伝えたい意欲が弱い場合があるので、そのことも関係する場合があります。

　対応としては、2語文で言わせようと、あまりにしつこくすると、お子さんにとっても、言わせる親御さんにとっても精神衛生上良いものではありません。単語で良いので、相手に伝える場面を増やす、伝える事柄を増やす（食べ物だけでなく、おもちゃ等好きなもの）ことがお子さんの目標になる場合もあります。視覚的な方法を用いて、促すことが有効な場合もありますが、言語聴覚士等の専門家に相談しながら、無理のない範囲で進めていくことが大事でしょう。

Question 5

文で話すこともあるが、レパートリーが限られている

Answer

　自閉症スペクトラムのお子さんの中には、言葉の理解力が限られており、単語レベル位であっても、歌や特定の言い回しでは、文でお話ししている場合があります。実際には、お子さんは言葉の意味を理解しないまま暗唱したり、文で話していてもその言葉を自分の意思を伝えるコミュニケーションには用いていないことが多いようです。このような場合は、周囲の人がお子さんの言語理解力を過大評価してしまう傾向にあります。この場合も、言語聴覚士による言語能力の評価を受けることをお勧めします。
　ですからお子さんの理解が単語レベルであれば、新しい表現方法を教える時は、やはり単語レベルの表現が適切でしょう。

Question 6

発音が悪いことと自閉症スペクトラムとは関係があるか？

Answer

　自閉症スペクトラムのお子さんでも、発音に問題のある場合と発音がとてもきれいな場合があります。また、自閉症スペクトラムの判断基準には発音のことは含まれていません。そう考えると、発音の問題と自閉症スペクトラムの間には、直接的な関係はない、と考えた方がよさそうです。むしろ、年齢や運動（粗大、微細、協調）、知的発達などの他の要因が絡み合っていると考えた方が良いでしょう。ただ、自閉症スペクトラムの一部の人たちには運動の不器用さがあることを指摘する研究者もおり、そういった一群の自閉症スペクトラムの人たちには発音の問題が多い可能性があります。

　発音の問題は、必ずしも形態上（舌が長いとか短い等）の問題や麻痺などの問題がなくても起こりうるものです。

　年齢や発音の誤り方によっては、必ずしも訓練が必要でない場合もありますし、必要な場合もあります。また、年齢や、発達レベルによっては、訓練の実施が難しい場合もあります。訓練の必要性と可能性の判断については言語聴覚士に相談されると良いでしょう。

Question 7

吃音と自閉症スペクトラムとは関係があるか？

Answer

　発音と同じようにこれも直接的な関係ではない、と考えて良いでしょう。自閉症スペクトラムの人でも吃音のない人は大勢いますし、自閉症スペクトラムのない人にも吃音の人はいるからです。

　吃音は、発達の途上で起こる流暢性の問題で、自然に改善する場合もありますし、残る場合もあります。吃音は口の周りの筋肉が弱いなどの単純な要因で起こるものではないようです。環境の変化等の環境的な要因やプレッシャー等の心理的な要因等も複雑に絡み合って起こる症状です。

　一般的には、年齢が低ければ直接的な指導と言うよりも、お子さんが過ごしやすい環境を整えるなどの間接的な助言指導などが中心となります。

　前述したように、吃音と自閉症スペクトラムは発生的には直接的な関係はありませんが、環境の変化に弱い、対人関係が困難であるという自閉症スペクトラムの発達／障害特性が吃音の状態に影響を与えることは考えられます。

　言語聴覚士に相談して、どのような環境や対応が必要かを考えていくことが大切でしょう。

Question 8

文法的に間違った表現をしているのを直した方が良いか？

Answer

　直すことでのメリットとデメリットを考える必要がありそうです。直すことでその文法規則をお子さんがすぐに学習するのであれば、教えることは有効でしょう。ただ、会話の中で誤りを修正し、学習していくというのは思いのほか難しいものです。むしろ、直すことで会話がちぐはぐになったり、お子さんが話す意欲をそがれてしまうことが心配になります。

　直すというよりも、お子さんが言わんとしていることを確認する意味で正しく言い換えてあげるくらいであれば、上記のデメリットは問題にはならないでしょう。

これも言語聴覚士などの専門家に相談すると良い事柄でしょう。

よくあるQ&A

Question 9

手話やサインを教えたいが

Answer

　手話や身ぶりサインも、時に話し言葉の代わりになったり、話し言葉を促進する場合があります。ですから、言葉の表現を阻害することはないでしょう。但し、絵や写真、あるいは文字とは違って、手話やサインは、自閉症スペクトラムのお子さんには必ずしも適さない、とされています。それは以下の理由によります。手話や身ぶりサインは、その意味が時に抽象的であること、視覚的であるが示した後に視界から消えてしまうこと（絵や写真は消えない）、指の細かい動き等の微細な運動スキルを必要とすることなどがその理由です。
　一方で、絵や写真と比べて、手話や身ぶりサインは材料を必要としないので、どこでもいつでも使えるというメリットがあります。
　大事なのは、お子さんがその意味をわかっているか、有効に使えているか、でしょう。身ぶりサインをしているけれども、意味がわかっていず、オウム返しのように相手の身ぶりサインを真似しているだけ、ということを見かけることがしばしばあります。
　どの手段にしても、意味が分かること、コミュニケーションが広がるという目的のためのものです。どの手段がお子さんにとって役に立つかは、言語聴覚士やお子さんのことを良く知る担当の先生に相談されるとよいでしょう。

おわりに

　読者の方には、本書を読まれた後には、自閉症スペクトラムについての総論的な原則が書かれた本を読まれることをお勧めします。また同時に、担当医、言語聴覚士、臨床心理士、あるいは担当クラスの先生に相談することをお勧めします。

　自閉症スペクトラムのお子さんの社会性・コミュニケーションの問題に関わっている1人の言語聴覚士として、少しでも彼らの役に立つこと、それがこの本を執筆した目的です。その目的を達成しているか、正直言って自信がありません。何故なら、自閉症スペクトラムのお子さんの示す問題は、実はお子さんの数だけある、と言っても良いくらい多様だからです。ですから、本書の例がお子さんの例とぴったり合わないことも充分ありうることです。それでも、お子さんの問題を捉える場合ある程度の指針や類似性があるのとないのとでは大違いです。この本が多少なりとも、そういったガイダンス的な役割を果たすことを願っています。

　この本は、本書だけで自己完結するものではありません。自閉症スペクトラムに関する情報はインターネットも含め豊富にあります。この本で扱えなかった情報については、こういった情報で補って頂けたら、と思います。また、本という文字情報の限界もありますし、読んだり、見たりすることと実際にやってみることには大きな違いがあります。ですから、実際のお子さんの状態を把握している専門家から、アドバイスを受けることをお勧めします。

　私がこの本を書こうと考えたのは、アメリカのノースカロライナのTEACCHにおいて1年間の研修に行っている時期でした。それは国境を越えても、自閉症スペクトラムのお子さんの持つ問題は共通していることを目のあたりにしたことと関係があります。以前の言語聴覚士としての10数年にわたる経験とTEACCHにおいて新たに学んだ経験を組み合わせて、自閉症スペクトラムのお子さんとそのご家族に役に立つ本を書こうと考えたのは、私にとってとても自然な成り行きでした。そして、ふんだんに情報のある米国においても、まだ自閉症スペクトラムについて理解途上の親御さんにとってわかりやすい、とっつきやすい本がないことに気づいたことも、自分の気持ちを後押ししてくれました。とは言うものの、外国での研修を受けながらの執筆は、滞るこ

おわりに

ともしばしばでした。そんな中、気持ちを奮い立たせてくれた共同執筆者であり、言語聴覚士である妻の東川早苗、日本からいつも電子メールで適切な助言を届けて下さった先輩言語聴覚士の飯塚直美さんにまず感謝の気持ちを述べたいと思います。また、そもそもアメリカへの留学の経験の機会を与えて下さった方々、多大なご支援を頂いたロータリークラブ、ロータリー財団の方々（中でも田中徳兵衛冠名奨学金は、自閉症スペクトラムに関わる専門職を育てることについて非常に貢献されています）、留学へご推薦下さった方々、有意義な研修経験を下さったTEACCHのスタッフ、同じ言語聴覚士として多くのポジティブな刺激を与えて下さった言語発達障害研究会の仲間、留学後に復職の機会を与えて下さった横浜市リハビリテーション事業団の方々、そして出版を快諾して頂いたエスコアールの鈴木弘二さん、イラストレーターの中村有希さんに、心より御礼申し上げます。

平成19年1月　東川　健

東川　健　（とうかわ　たけし）
言語聴覚士。早稲田大学法学部、国立身体障害者リハビリテーションセンター学院卒。横浜市戸塚地域療育センター、北部地域療育センター、西部地域療育センター勤務を経て、２００５年〜２００６年の１年間、国際ロータリー財団田中徳兵衛冠名奨学金の支援を受けて、米国ノースカロライナ州シャーロット TEACCH センターにて研修を受ける。帰国後、横浜市西部地域療育センターに復職。
共著として、＜S－S法＞言語発達遅滞検査マニュアル（エスコアール）、言語発達障害Ⅱ（建帛社）、言語聴覚療法臨床マニュアル（協同医書）、言語発達遅滞訓練ガイダンス（医学書院）がある。

東川　早苗　（とうかわ　さなえ）
言語聴覚士。東京女子大学文理学部心理学科、国立身体障害者リハビリテーションセンター学院卒。横浜市総合リハビリテーションセンター勤務を経て、夫と共に渡米。現在、数カ所で非常勤。

表紙デザイン・本文イラスト：中村有希　DTP：根本　満

自閉症スペクトラムの子どもとの家庭でのコミュニケーション
－言葉の前の段階から２〜３語文レベルまで－

　2007 年　1 月 20 日　初版第 1 刷　発行
　2014 年　7 月 20 日　初版第 3 刷　発行

　　　　　　　　　　著　者　　東川　健　　東川　早苗
　　　　　　　　　　発行者　　鈴木　弘二
　　　　　　　　　　発行所　　株式会社エスコアール出版部
　　　　　　　　　　　　　　　千葉県木更津市畑沢 2-36-3
　　　　　　　　　　　　　　　電話　販売 0438-30-3090
　　　　　　　　　　　　　　　　　　編集 0438-30-3092
　　　　　　　　　　　　　　　FAX　 0438-30-3091
　　　　　　　　　　　　　　　URL　 http://escor.co.jp
　　　　　　　　　　印刷所　　株式会社平河工業社

©Takeshi Tohkawa．Sanae Tohkawa．2007　ISBN978-4-900851-37-5
落丁本、乱丁本は弊社出版部にてお取り替えいたします。